旅行没有方法论

所以就去足球场旅行了

星行客生活馆 著

中国地图出版社
北京

目 录

004 　序

008 　"足球的心脏"温布利球场

024 　来红色利物浦，在安菲尔德，你永远不会独行

044 　"梦剧场"老特拉福德——回到梦开始的地方

060 　北伦敦的红与白

082 　荣耀马德里

098 　"不仅仅是一家俱乐部"：骄傲的巴塞罗那

114 　罗马不是一天建成的，那罗马奥林匹克体育场呢？

132 　米兰双雄的"共享主场"，叫圣西罗还是梅阿查？

152 　频繁更换主场的意甲霸主和他们的新球场——
　　　尤文图斯大球场

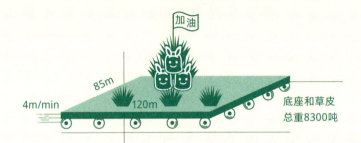

85m
4m/min
120m
底座和草皮
总重8300吨

174 外星人入侵？那是慕尼黑安联球场！

194 来多特蒙德，体验欧洲第一"魔鬼主场"

210 头戴顶棚、脚下有公路穿过的奇特球场——
约翰·克鲁伊夫竞技场

228 北国的银色贝壳——札幌穹顶体育场

242 袖珍小国里的精巧体育场——摩纳哥路易二世体育场

262 足球王国的圣殿，基督山下的马拉卡纳体育场

006 **关于球场及比赛的一些有的没的**

080 **奖杯巡礼**

172 **世界上的奇特足球场**

276 **卡塔尔世界杯球场概览**

球场随笔

278 **不懂足球，但是看球很快乐**

285 **傲赴沙尔克**

288 **卢日尼基的一个下午**

294 后记

295 幕后

003

序

　　"旅行没有方法论"这么直白的MOOK名，袒露的想法也很简单：旅行本身并不存在什么特定的模式，以自己喜欢的方式去做就好。我们出发，行动，驻留，再出发，以当下的"此身，此时，此地"，探寻世界，遇见未知，拓展自己的认知边界，获得鲜活的切身体验，就像Lonely Planet创始人托尼·惠勒说的，"仅仅是因为故事发生的那一刻，我就在那里"。

　　故事很多，所以在"旅行没有方法论"系列《冷》《热》《漫》《泡》四本书面世后，我们继续打破常规框架，寻找不同视角，开启发现世界的独特之旅。这次，乘着世界杯的东风，我们一起去逛足球场。

　　足球在全世界有40亿观众，2019年的《世界体育赛事价值排行榜》上，前五名依次是世界杯、欧洲杯、欧冠、英超、西甲——没错，都是足球赛事。为什么偏偏是足球成了全世界公认的最受欢迎的运动？著名人类学家德斯蒙德·莫里斯的解释是：现代人类社会是由原始部落发展而来的，而足球是最接近狩猎的运动，它激活了人们最底层的生理本能和部落文化基因。具体来说，足球场上的球员们通过"对抗、协作、击杀、释放"这种与狩猎相似的团体作战，获得击杀强大猎物的满足感；看球的观众们则以生死不渝的高度忠诚和对胜利的极度渴望，以唱队歌、喊口号、统一穿着等一整套充满仪式感的行动，实现身份认同和自我归属感。而作为足球比赛发生的场所，足球场在这种语境下就顺理成章地成了这种认同感和归属感的具象化，成了球迷们心中如祭坛一般神圣的地方。比起看比赛，大部分球迷来到球场更像是为了亲身参与一件对他们来说意义重大的活动，参与"部落"生活中的头等大事。

　　球迷的存在对足球比赛同样意义重大。满场球迷的呐喊助威能够极大地强化场上球员的"领地意识"，令他们产生"整座城市都站在我背后"的心理优势，给对手以极大的压力，甚至可以令主裁判下意识地做出更有利于主队的判罚，这便是主场优势了。正因如此，球场看台上的球迷会被称作球场上的"第十二人"。一个生动的例子是，以忠诚而狂热的球迷闻名于世的"红军"利物浦,在因新冠疫情而不得不空场比赛之后,其主场胜率竟由空场前的91.6%骤降至54.2%,"第十二人"的力量可见一斑。球迷都想进场观战,球队也需要更多的球迷前来,足球场于是越造越大,渐渐地成了一座城市中能容纳最多人的公共建筑之一。

现实生活中很难找到第二个像足球场这样可以让几万甚至十几万人聚在一起为同一件事情摇旗呐喊的场所了,这给了足球场更多的属性。不论是演唱会还是公开演说,只要目标受众够多,足球场都是不二之选。与数万人分享同样的感受,一同欢笑,一起失落,这样的经历很难被复制。于是,作为诸多殊胜事件的发生地,弥漫着特殊氛围和能量,甚至承载了无数人共同的记忆和悲喜的足球场,便成了了解本地文化的一个独特切入视角,某种程度上甚至成了一座城市的象征。因此,足球场经常被Lonely Planet旅行指南列为所在城市的Top Sights——顶级景点,也就不足为奇了。

由于众所周知的原因,足球这项运动在国内开展得算不上顺利。对于许多人来说,足球所带来的回忆也并不那么美好。但即便如此,每当有世界杯这样的大赛举行,足球仍旧能占据各大媒体的头条,成为所有人关注的焦点,毕竟场上飞奔的球员和场下呐喊的球迷所带来的那份激情,所有人都很容易get到。

AC米兰主教练阿里戈·萨基曾说过一句非常著名的话:"足球是你人生中最重要的无用之物。"很难说这句话的落脚点是在"重要"还是在"无用"上。诚然,看球也只不过是一项普通的娱乐活动,大部分人的生活中根本不需要足球。但同样不可否认的是,哪怕是对足球再不感兴趣的人,一旦走进足球场,也会轻易地被这里的气氛所感染,这是足球的魔力,也是足球场的魅力。这本《啾》介绍了世界上十五座或著名或有趣的足球场,希望能用生动的故事,有趣的信息图表和各式各样的现场图片来展现足球场以及足球这项运动的魅力,提供旅行灵感,助力规划行程。无论你是不是球迷,对足球的观感如何,懂不懂规则,都不耽误你去足球场转一圈,感受足球比赛带来的快乐。

关于球场及比赛的一些有的没的

有时也会有这种情景：进攻一方打出行云流水般的配合并将球打进，进球队员却没有庆祝而是一脸懊恼地望向场边，然后就轮到**边裁**出镜了。

越位了（举旗）

要罚**点球**了，所有人都紧张得不行，除了门将（毕竟扑不出来才正常），2005年时，门将杜德克还能有心扭上两下迷惑对手并收获了不错的效果。

围绕**任意球**的战术布置是足球比赛的一大看点，比如防守方可以排出人墙，并让一个人躺在地上以填补其他人脚下的空缺。

啊，怎么冲着我来了啊

插在边线和底线交会位置的**角旗**是足球场上为数不多立着的物件，于是它也经常成为球员发泄的对象。

主教练在比赛进行时其实也没啥事可做——当然他们一直在思考，表现形式就是来回踱步和大吼大叫，或者就蹲着，像贝尔萨这样。

主裁判出镜的一个常见原因就是遭到现场球员的抗议了，大家都觉得判罚对自己不公平，误判也确实会发生。不过主裁判的判罚是不可争辩也不能更改的，所以，吵也没用，还是放平心态（然后期待着主裁判跑抽筋了换别人来）吧。

皮球得全部越过**门线**才算进（停在图中位置是不行的）。历史上发生了很多门线冤案，以至于现在足球比赛里也有"鹰眼"了。

专业足球场的**草皮**下方有包括鹅卵石疏水层和排水管层在内的复杂结构，有的甚至还装了地暖，加上日常的各种养护工作，"任何一块梦幻般的草皮背后，都是如噩梦般的维护费用"。

图例

🔴🔵 场上球员　🏃 球队主教练　⚫ 裁判员

第四官员甚少出镜，毕竟他们日常只是在场边举牌子而已。不过一旦碰上范加尔这种爱给自己加戏的主教练，他们也能成为全场关注的焦点。

国际足联对**场地尺寸**的限制较为宽泛，这使得不同足球场的大小也不尽相同。大部分专业足球场的大小都是105米×68米。

刚才明明是我们的人被撞倒了（倒地）

"足球的心脏"温布利球场

"三喵军团"的主场

位置：
London HA9 0WS,
United Kingdom

容量：
90,000

　　作为现代足球的发源地，英格兰有着深厚的足球传统，而英格兰队的主场——位于伦敦西北部的温布利球场（Wembley Stadium）自然也是非同一般。作为1966年英格兰世界杯决赛的举办地，温布利见证了英格兰夺得世界杯冠军的辉煌时刻。球王贝利曾说，温布利球场是"足球的心脏"，足见其在欧洲乃至全世界范围内的重要影响力。

白马上不一定是王子，还有骑警

现在看到的温布利球场其实是2003年在原温布利球场的基础上翻新而成的。旧温布利球场于1923年建成，是为1924年的大英帝国博览会而修建，因此球场也被称为帝国体育场（Empire Stadium）。

球场的标志性建筑是正门外的一对38米高的白塔，塔顶竖有旗杆，其设计风格颇具印度风情。1976年，这对白塔被列入英格兰《二级名胜古迹建筑名录》。

1923年
白马决赛

骑警正在维持球场秩序

1923年4月，温布利球场举办了建成后的首场比赛——英格兰足总杯（FA Cup）决赛，比赛双方为博尔顿和西汉姆联。比赛开始前发生了相当混乱的一幕：由于球迷热情过高，入场人数远远超过了球场容纳量，甚至有球迷被挤进了球场，导致比赛迟迟不能开始。这时，一位名叫乔治·斯科雷的骑警骑着他的白马，缓慢穿行在球迷之间，将球迷疏导回了坐席上，使得比赛可以正常进行。最后博尔顿2：0战胜了西汉姆联。比赛结束后，给球迷留下深刻印象的不是比赛本身，而是斯科雷维持秩序的画面。这场比赛也因此被称为"白马决赛"。

1966年
世界杯夺冠

而让温布利球场载入足球史册的，还是1966年英格兰世界杯。在那届大赛上，包括决赛在内有9场比赛在温布利球场进行。占据主场优势的东道主一路过关斩将闯进决赛。在决赛中，英格兰队面对的是西德队，在90分钟的常规比赛时间内，双方打成2：2平；加时赛中，英格兰队前锋赫斯特在第101分钟和第120分钟打进2球，帮助本队4：2战胜西德，获得了迄今为止唯一一座世界杯冠军奖杯。

老温布利正门外标志性的白塔

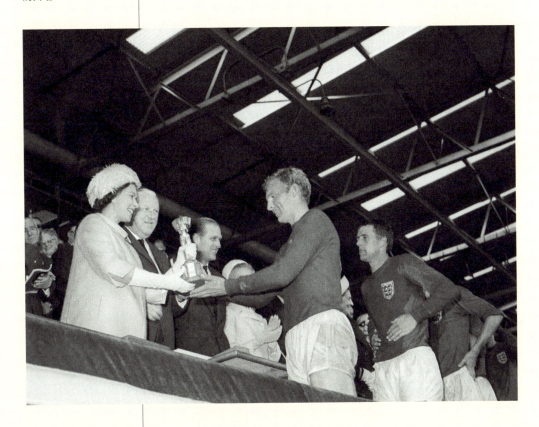

英格兰队长博比·摩尔从女王伊丽莎白二世手中接过世界杯冠军奖杯

"门线悬案"
球迷不用看

虽然英格兰最终获得了世界杯冠军，但是赫斯特在101分钟的进球引起了巨大争议，直到现在还经常被人提起。按照规则，只有皮球整体全部越过球门线时，进球才算有效。而根据当时的画面，实在很难判断皮球是否整体越过球门线。当值主裁也无法确认，于是询问边线裁判巴赫拉莫夫的意见。巴赫拉莫夫肯定地认为皮球整体越过门线，因此进球有效。

这一判罚引起了德国人的不满，他们认为巴赫拉莫夫的判罚存在偏见，因为在半决赛时淘汰了巴赫拉莫夫祖国苏联队的正是西德队。至于巴赫拉莫夫是否真的借此为自己的国家"报仇"，就不得而知了。

1996年
大赛再临

30年之后，温布利又一次获得了举办足球大赛的机会。1996年的欧洲杯，英格兰队所有的比赛和（他们没能参加的）决赛都在温布利进行。在半决赛中，英格兰队和德国队经过加时赛鏖战，比分还是1∶1，不得不进入点球大战。英格兰队后卫加雷斯·索斯盖特（Gareth Southgate，现任英格兰队主教练）罚丢一粒点球，球队最终被淘汰出局，没能像30年前那场世界杯决赛一样战胜对手。而德国在接下来的决赛中战胜捷克，获得冠军。

这届欧洲杯结束之后，温布利也暂时远离世界目光，开始了改造工程。

旧貌换新颜

21世纪初，在伦敦政府"温布利重建计划"的支持下，在原温布利球场进行的新建工程正式启动。

首先被拆除的就是正门那一对白塔。这一举动在当时引发了巨大争议，虽然这对白塔见证了英格兰队辉煌的时刻，也是老温布利的象征，但新球场的建设计划并没有将白塔包括在内，最终白塔不得不被放弃。

尽管如此，关于老温布利的一些记忆还是得以保留下来：一座从火车站通向球场的桥被命名为"白马桥"（White Horse Bridge），以纪念那场著名的"白马决赛"；球场正门外，是英格兰队功勋队长博比·摩尔（Bobby Moore）的雕像，1966年世界杯，正是他从女王伊丽莎白二世手中接过世界杯的冠军奖杯。

皮球是否越过球门线？
肉眼实在难以判断

球场门前博比·摩尔的
雕像

巨大拱门

球场最引人注目的部分，就是横跨球场顶棚上方的拱门了。拱门跨度达到315米，是世界上最长的单拱建筑。筒状的拱门直径7.4米，完全能容纳一辆行驶在英吉利海峡海底隧道的列车在其中穿行。

拱门上一共装有228个LED灯，可呈现不同颜色，明亮的灯光从几公里外都能看到。而由于球场内部并没有立柱支撑顶棚，所以这道拱门除了具有装饰功能外，其更重要的作用就是用绳索固定球场顶棚。无立柱的设计方案也保证场内每一个观众的视线不会被阻挡，从而让观众获得更好的观赛体验。

传奇继续

新温布利建成后，继续在世界足坛担任重要角色。2011年和2013年，新温布利先后两次举办了欧洲冠军联赛的决赛，成为举办欧洲冠军联赛决赛次数最多的球场（7次）。2012年伦敦奥运会男女足比赛的决赛也在这里举行。

除了体育比赛，球场还会举办演唱会等大型文艺活动。来这里演出的艺人包括阿黛尔、One Direction、U2、泰勒·斯威夫特等。2007年7月初，球场还举办了纪念戴安娜王妃逝世十周年的演唱会，英国皇室成员和各界著名人士都曾出席。

2021年
欧洲杯

温布利最近一次进入全球视野是在2021年的欧洲杯上，其决赛就在温布利举行，对阵双方是英格兰和意大利。虽然英格兰坐拥主场优势，但比赛还是被拖入了他们最不擅长的点球大战。点球大战中，意大利两次罚丢点球，而英格兰则有三人罚丢，后者再一次在点球大战中惜败。这个英格兰球迷再熟悉不过的情节，又一次在温布利球场上演。不过，打进决赛已经是英格兰队在欧洲杯上的最好成绩了，这支年轻的三狮军团也可以昂首离开。

泰勒·斯威夫特正在为
即将到来的演唱会进
行彩排

温布利的拱门也亮起了
意大利国旗的颜色

数说温布利

改建后的温布利和原来的球场相比，更能满足球迷的需求，为观众提供了更好的观赛体验，当然造价也更高。新老球场的区别从下面的表格中能略知一二：

标志建筑物
拱门
高度
133m

新温布利

75000万
£ 耗资

90000
坐席总数

688
餐饮服务点

75万

82000

152

老温布利

标志建筑物
白塔
高度
35m

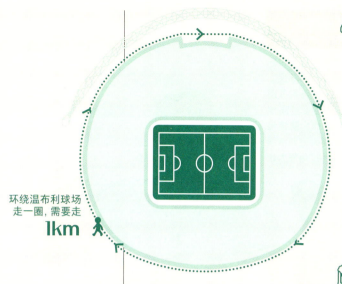

环绕温布利球场
走一圈，需要走
1km

把场内每一排座位头
尾相连，总长度可达
54km

场内共有电梯　　扶梯
26部　30部

酒吧
34个
餐厅
8个
餐饮服务点总计
688个
完全可以满足比赛日观众所需

107
通向皇家包
厢的台阶数

0
视线受遮挡的
座位数

39　**16000**

球场内共有
2块
巨大的电子显示屏

每块都有
600个
电视机
屏幕那么大

如果举办演唱会
场地内可坐满观众
25000名

球场举办比赛或活动当天
Wembley Park 地铁站
人流量可以达到
40000人

拉希姆·斯特林
（Raheem Sterling）

刚刚转会到英超切尔西俱乐部的斯特林是牙买加移民，5岁时便和母亲移居到英国伦敦并在那里接受了高水平的足球训练。作为前锋他虽然个子不算高大但非常强壮，奔跑速度极快，爆发力也很强。

　　不过他的跑步姿势总是受到大家的吐槽：挺胸翘臀，手臂乱晃，甚至会被其他球员模仿。斯特林对此的解释是，他的跑步动作来自于他曾是职业运动员的母亲。据斯特林自己说，他母亲年轻时跑得几乎和他一样快。

　　斯特林因为经常在最后一脚射门时状态全无，浪费绝佳进球机会，被球迷称为"快乐男孩"。互联网上有各种调侃他的段子："停球跑位世界级，射门就是灾难级""快乐男孩斯特林，三过球门而不入"。就连场边的教练瓜迪奥拉看了他的射门之后，也只能无奈地抱住自己的光头。

哈里·凯恩
（Harry Kane）

凯恩是英超托特纳姆热刺的主力前锋，同时也担任英格兰队的队长。他出自热刺青训营，之后几年被热刺租借至多个英超俱乐部。2014年波切蒂诺开始执教热刺，凯恩也从这一年开始逐渐成为热刺的主力前锋。

　　有趣的是，凯恩在青少年时期还曾为热刺的死敌阿森纳效力，但当时的阿森纳教练认为凯恩"有点胖"，看起来"不那么灵活敏捷"，所以就没有留下他。直到2015年，时任阿森纳主教练的温格依然对这件事耿耿于怀："阿森纳没能留下凯恩，我很生气，也感到遗憾。"

　　凯恩还和"万人迷"贝克汉姆有过交集，他曾经在贝克汉姆开办的足球学校学习，并曾和贝克汉姆合影留念。合影中还有一个女孩是凯恩的同学，也是他的青梅竹马，后来成了他的妻子。2018年俄罗斯世界杯前，贝克汉姆在社交媒体上发布这张老照片，球迷调侃道："贝克汉姆就是凯恩和他妻子的证婚人。"

探索温布利

温布利球场提供多种团队游，在bookings.wembleytours.com/stadiumtours/home.htm在线购买门票即可参观。普通的球场之旅（Wembley Stadium Tour）时长90分钟，观众可参观球场的更衣室、替补席等区域，还可免费使用导览器，并和足总杯的复制品合影。票价为成人22英镑、儿童15英镑。

若参加VIP团队游（Exclusive VIP Tour），除了可以参观上述区域外，还可以获得由球场赠送的一套纪念品。价格为成人70英镑、儿童50英镑。

在比赛日当天同样可以参观球场（VIP Matchday Tour），而且你还可以在球场边观看球员赛前热身。与上面两种团队游相比，这种团型可以让你在参观球场的同时，切身体验比赛氛围。比赛门票已经包含在球场参观的门票中，参观当天还可免费获得一份赛事手册。具体价格可在比赛开始前几天在网站查询。

到达球场

温布利球场位于伦敦市中心西北部，交通便利。乘坐地铁Metropolitan线和Jubilee线，在Wembley Park站下车即可；乘坐Bakerloo线，可在Wembley Central下车。下车后步行去球场只需几分钟，也非常方便。

周边餐饮和住宿

虽然球场并不靠近伦敦的中心区域，但是球场周围购物、就餐的场所十分丰富。你可以在球场西边不远处的购物中心London Designer Outlet血拼。购物中心周边有各种类型的酒店，如果预算充足，可以选择Hilton London Wembley；若追求性价比，可以选择Ibis London Wembley。靠近Wembley Park地铁站的Premier Inn London Wembley Park Hotel也不错，可以在入住时向工作人员要求住一间可以远眺球场拱门的房间。

球场内有丰富的餐饮选择，在球场周边和附近的购物中心也可以找到一些不错的餐厅：La Regina Wembley提供品质非常不错的意大利菜；在连锁餐厅Taco Bell中则可以尝到墨西哥风味美食；Kanishkaa提供正宗的印度菜肴，装修也很有异域风情。

周边景点

温布利球场距伦敦的热门景点较远，所以不妨避开拥挤的人群，向西去看看不一样的风景。在诺斯维克公园（Northwick Park）可以享受开阔的空间和新鲜的空气，远离城市喧嚣，享受片刻的宁静。继续向西不远处就是哈罗小镇，著名的哈罗公学（Harrow School）就在这里。作为最负盛名的私立学校之一，这所学校的杰出校友包括英国前首相丘吉尔、印度前总理尼赫鲁等，因在《神探夏洛克》中出演福尔摩斯而出名的本尼迪克特·康伯巴奇（Benedict Cumberbatch）也毕业于此。在这里你很有可能遇见上下学的学生，也许未来某个杰出的人物就将从他们中诞生。

温布利球场周边

1. 温布利球场

2. 哈罗公学

3. 诺斯维克公园

4. London Designer Outlet

5. Premier Inn London Wembley Park Hotel

6. Hilton London Wembley

7. Ibis London Wembley

8. La Regina Wembley

9. Kanishkaa

10. Taco Bell

11. Wembley Park地铁站

12. Wembley Central地铁站

　　每当夜幕降临，温布利拱门上的灯光就会被点亮，吸引着来来往往的游客。这里见证过胜利的喜悦，也见证过失利带来的悲伤。虽然球场经过翻新，旧貌不再，但是那段悠久的往昔依然在提醒着人们，这里是英格兰的足球圣殿，是全世界的足球心脏。

温布利的球员更衣室

Wembley Park车站，非常气派

©Ooohen at English Wikipedia

哈罗公学

来红色利物浦，在安菲尔德，
你永远不会独行

位置：
Anfield Rd, Anfield,
Liverpool L4 0TH, United
Kingdom

容量：

53,394

　　球迷是足球比赛不可或缺的一部分，而要说哪支俱乐部的球迷最为人所熟知，那恐怕非"红军"利物浦（Liverpool F.C.）莫属了。作为一家享誉全球的俱乐部，利物浦的球迷一直被认为是全世界最有力量的。每当球队在主场比赛，观众席上飞舞的彩旗和一刻不停的嘹亮歌声总会给主队球员带来无尽的动力，让对手"闻风丧胆"。球队的主场安菲尔德（Anfield）也因此成为全世界"最恐怖"的主场之一，是许多球迷心目中的足球圣殿。

1892年成立
利物浦
足球俱乐部
（Liverpool F.C.）

球队主场
安菲尔德
球场
（Anfield Stadium）

**欧洲冠军
联赛冠军**

6个

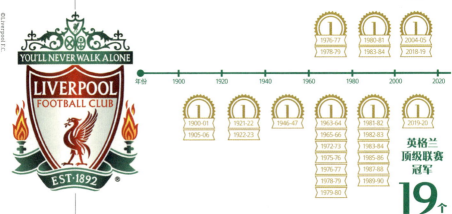

| 1976-77 | 1980-81 | 2004-05 |
| 1978-79 | 1983-84 | 2018-19 |

年份 ... 1900 1920 1940 1960 1980 2000 2020

1900-01	1921-22	1946-47	1963-64	1981-82	2019-20
1905-06	1922-23		1965-66	1982-83	
			1972-73	1983-84	
			1975-76	1985-86	
			1976-77	1987-88	
			1978-79	1989-90	
			1979-80		

**英格兰
顶级联赛
冠军**

19个

关于队徽

　　球队队徽中心的红鸟代表利物浦市的利物鸟形象，上方的花纹和"你永远不会独行"的词句来自安菲尔德球场一侧的香克利大门，代表了俱乐部的传统和信仰，两侧的火把则象征球场事故"希尔斯堡惨案"中的遇难者——球队厚重的历史从队徽中便可略知一二。

"我们是
利物浦"

　　拥有辉煌历史的"红军"利物浦可以说是全世界最成功的足球俱乐部之一，球队以令人血脉偾张的全力进攻和永不放弃的强大韧性，为球迷带来无数的精彩比赛，在全世界范围内有大量拥趸。

　　利物浦足球俱乐部创立于1892年，是从默西赛德郡的另一家俱乐部——埃弗顿分家而来，建队不到10年便拿到第一个甲级联赛冠军头衔，之后的成绩却起起伏伏，"二战"后不久甚至一度降入乙级。不过，球队在降入乙级之后的1959年任命了苏格兰人比尔·香克利（Bill Shankly）为球队主帅，一段传奇也就此开始。

比尔·香克利
（1913—1981）

香克利时代

香克利为这支球队注入了灵魂，球队在他的带领下终于找到了属于自己的风格：敢打敢拼，永不言弃。这一精神一直延至今。

球队标志性的红色球衣和"你永远不会独行"（You'll Never Walk Alone）的歌声都在此时成为球队的标志。"红色风暴"很快席卷英伦，球队在重回顶级联赛的第二年（1964年）便拿到了联赛冠军，冠军班底就此建立。

香克利本人于1974年退休，球队在他的继任者手中不断创造着好成绩，从1975-76赛季开始的10个赛季内，球队共赢得了7次国内顶级联赛的冠军，更是4次杀入欧冠决赛并全部夺魁，"红军"在英格兰足坛的统治地位几乎不可撼动。

香克利本人心直口快，他留下了许多关于足球的名言，最著名的一句是：

"足球无关生死，足球高于生死。"

多年来这也成为许多足球运动员的人生信条之一。

香克利非常擅长用言语调动球员的激情，他曾说：

"如果你拿了第一，你就是第一；
如果你拿了第二，你什么都不是。"

而他对球队的自信便体现在那句听上去颇为欠揍的"名言"：

"这个世界上最好的球队是利物浦，
第二好的球队是利物浦二队。"

球场外的香克利雕像

看台上飘扬的旗帜

海瑟尔和希尔斯堡

然而，"红军"的辉煌在1985年戛然而止，接连发生的海瑟尔惨案和希尔斯堡惨案给球员和球迷带来了极大的伤痛，曾经的功勋球员黯然离开，球队花了十多年的时间才再次找回夺冠的感觉，至于联赛冠军，更是等了整整30年。

海瑟尔惨案和希尔斯堡惨案是世界足球史上极为严重的两次球场安全事故，它们的主角都是利物浦。

海瑟尔惨案 发生于1985年的欧冠决赛。比赛开始前，醉酒的两方球迷在看台上发生争吵，进而发展成斗殴，最终球场看台被压垮，造成39人丧生和600多人受伤（其中绝大多数都是尤文图斯球迷）。在那之后，英格兰联赛的球队被禁止参加欧洲赛事5年。

希尔斯堡惨案 发生在4年后的1989年，因为球场引导失职，大批球迷从错误的入口被放进球场，使得看台前部的球迷不断遭到挤压，许多人被活活挤死在看台防护网上，最终造成97人死亡。当时的舆论普遍把事故责任归结为利物浦球迷的不理智，并对利物浦多方打压。但其实球迷才是受害者（死去的97人都是利物浦球迷），此后球队和球迷开始了二十余年的漫长洗冤之路。直到2016年，官方终于认定这是一起责任事故，利物浦球迷得以沉冤昭雪。而因为发表了错误的煽动性文章，《太阳报》从那时开始被利物浦人抵制，至今也不能在利物浦市内销售。

我们是利物浦

多年间，球队曾经沉沦，也曾经与目标无限接近又功亏一篑，不过球迷的支持从未改变，嘹亮的歌声总会响彻安菲尔德的上空。

无论对手多么强大，来到安菲尔德都会被这里强大的气场所折服，这也许就是足球的魅力吧。就好像球队现任主帅尤尔根·克洛普（Jürgen Klopp）所说的："我们是利物浦，这意味着很多。（We are Liverpool, this means more）"

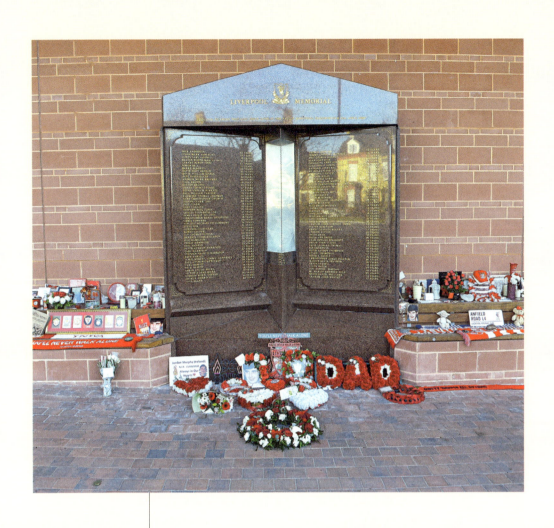

球场外的希尔斯堡惨
案纪念墙，写有所有遇
难者的名字

维吉尔·范戴克
（Virgil van Dijk）

荷兰国脚，利物浦俱乐部和荷兰国家队共同的后防领袖，是许多人心目中的世界第一中后卫，集优秀中后卫的全部特质于一身：身材高大强壮，弹跳能力出众，防守选位意识非常好，同时还拥有与其高大身形完全不相称的超快速度，曾和以速度见长的韩国前锋孙兴慜比拼百米冲刺也不落下风。

范戴克在比赛中总是非常自信，高大的身材配合目空一切的眼神，给人带来极强的压迫感，而且，"他的头发还很香"（语出曾经与他对位的沃特福德前锋迪尼）。

范戴克出身贫寒，成为职业选手之前还曾在饭馆刷碗，老板一直不相信他能成为职业球员。事实证明这个看法错得离谱，2018-19赛季范戴克当选"欧足联年度最佳球员"，成为十多年来第一位获得这一殊荣的后卫球员。

范戴克的外形与中国香港演员谢天华颇有几分神似，因而又有"荷兰谢天华"的绰号。据说是因为和生父关系不佳，他的球衣背后一直都只印自己的名字（Virgil）。

萨迪奥·马内
（Sadio Mane）

塞内加尔国脚，利物浦前场
红色旋风的关键一环，作为
边路球员他既可自己带球射
门，又能给进攻中的队友做
掩护，是不可多得的团队型
前锋。

马内爆发力极强，超快的速度经常令对方后卫
和门将来不及反应。不过他的射门脚法有时会失
准，浪费绝佳机会后的尴尬笑容也让人体会到快乐
足球的真谛。每当这时，球迷会戏称他为"马外"。

马内进球后很喜欢模仿自己队友的庆祝动作，
虽然模仿水平较为拙劣，但胜在娱乐效果较好。球
迷也乐见这种模仿秀在球场上不断上演，毕竟这意
味着他和队友都有进球。

马内在塞内加尔的贫民区里被球探发现，最初
在法国球队梅斯接受训练，在这里他曾偶遇前来采
访留洋球员的中国记者，并开心地收下了记者给他
拍摄的照片，生性憨厚的马内在这期间只有一个问
题："拍照是免费的吗？"

"这里是安菲尔德"

KOP看台曾经的盛况(1983)

利物浦俱乐部自创立之初便扎根在安菲尔德球场，百余年间从未离开，伴随着球队的不断发展壮大，球场也不断变化着。

1906年，在球队第二次拿到联赛冠军之后，球场的西南侧建起了一座巨大的看台，30,000人的容量（全部为站立席）使得这里成为当时世界上最大的单体看台之一。

为了纪念布尔战争中战死的利物浦籍士兵，在一位本地体育记者的提议下，这座看台最终被命名为斯皮恩山（Spion Kop）看台。

因为球队在下半场通常会向这个看台的方向进攻，狂热的球迷经常齐聚这里为球队加油鼓劲，久而久之，"KOP"便成了利物浦死忠的代名词，至今它仍是令全世界利物浦球迷引以为傲的称呼。

触摸这块牌子几乎成了一种仪式

传奇的比尔·香克利也在安菲尔德留下了自己的印记，那便是球员通道上方"这里是安菲尔德"（This is Anfield）的牌匾。

香克利说过，挂在墙上的这个小牌子"时刻提醒我们的小伙子他们在为谁踢球，提醒我们的对手他们在和谁踢球"。从踏入球场的那一刻起，来到这里的客队球员便会意识到，这里是安菲尔德，这里是"地狱"。时至今日，这块牌匾已经成为安菲尔德的标志之一，每个来到球场参观的人都会伸手触摸并与其合影。

扩建后的安菲尔德内景

球迷十分狂热，几乎所有人都想去球场看比赛。安菲尔德的接待能力愈发捉襟见肘。

俱乐部官方曾经认真考虑过另寻他处修建新球场，计划甚至已经得到了利物浦市的批准，但因为安菲尔德所承载的历史记忆和辉煌过往（以及新球场高昂的建造成本），最终在广大球迷的呼吁下，官方放弃了这个计划，转为渐进式地对球场进行扩建。

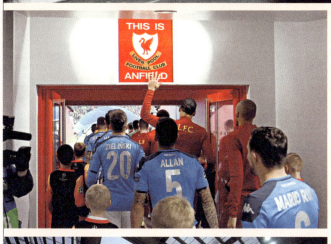

2016年，第一阶段的扩建工程完工，球场的主看台被完全重建，完工后的球场容量从最初的45,500人变为53,394人。下一步俱乐部还将扩建球场的安菲尔德路看台，完成后球场的容量会进一步上升到60,000人以上，希望那一天能尽早到来吧（毕竟球票实在太难买了）。

"你永远不会独行"

提到利物浦，最为人熟知的除去足球便是披头士乐队了，作为这支史上最成功乐队的故乡，音乐已经融入利物浦的每个角落，球场自然也不例外。

利物浦队歌《你永远不会独行》可能是全世界最著名的与足球有关的乐曲之一，悠扬的旋律下蕴含着无尽的力量，每场比赛开始之前，全场5万球迷的齐声高唱，这既是安菲尔德的保留节目，也是这座球场的独特标志。

除去队歌，"人均音乐家"的利物浦球迷还创作了许多其他歌曲，比如为每位球员都创作了专属歌曲并在比赛中循环演唱，这让比赛现场变得如同演唱会一般。当然这些歌曲对普通球迷来说门槛颇高，想要完全跟上现场球迷的节奏很不容易。不过既然已经在现场看球，那至少还是要把这首《你永远不会独行》学会。

球迷的忘情呐喊总能带给场上球员力量，安菲尔德也因而成了奇迹发生的地方，球队无数次陷入困境时，都在全场球迷的歌声中化不可能为可能，安菲尔德的球迷也因此被称为"球场上的第十二人"。

2019年的欧冠半决赛，利物浦总比分落后3球，本队主力前锋无法登场，对手是梅西率领的强大的巴塞罗那，面对这样的绝境，在全场球迷的嘹亮歌声中，"红军"成功逆转，又一次上演安菲尔德奇迹。赛后球员和球迷都久久不愿离去，他们齐声高唱《你永远不会独行》的场面无比震撼。

利物浦街头的披头士雕像

球场一侧写有"你永远不会独行"几个字的香克利大门

©Paul・Pixabay

虽然手握3球的领先优势，但做客安菲尔德的巴塞罗那球员完全迷失在场上利物浦球员的疯狂逼抢和场下球迷的嘹亮歌声之中，全场比赛如同是在梦游。下半场比赛开场后不久总比分就被扳平，巴塞罗那球员几乎被压垮，于是就出现了这样的一幕：理论上当皮球被放到角旗边的时候比赛便已经开始，场上的防守球员应该全神贯注地观察形势才对，但巴塞罗那这条世界级的后防线却在集体散步，无人警觉，于是阿诺德快速将角球发出，埋伏在对方后卫身后的前锋奥里吉（Origi）抓住机会将球打进，总比分变为4：3，现场解说激动地吼道："角球快发了，奥里吉！"，而这个画面也成了近几年足球比赛中最让人印象深刻的镜头之一。

如何用4个单词伤害你的巴塞罗那球迷好友：Corner Taken Quickly Origi！！！

球场之旅和现场观赛

来安菲尔德看场比赛堪称许多利物浦球迷一生的愿望，不过本地球迷的热情实在太高，以至于你几乎不可能在常规渠道买到球票。

若不想留下遗憾，球队官方网站上提供的球票套餐（Match Hospitality，官方黄牛票，hospitality.liverpoolfc.com）是一个可行的选择。每场比赛，官方都会拿出一些球票和周边一些餐厅的午餐或晚餐打包销售，比如，2021年8月28日的利物浦与切尔西的比赛，一张安菲尔德路看台（客队球迷看台）后排的球票加上Aintree Racecourse（位于球场以北约4公里处的一个赛马场）的一顿饭，打包价格是300英镑。

如果无法观赛，那去球场参观一下也不错，球场提供了传统的参观游览服务，包括参观看台、更衣室、采访区，等等，当然也包括触摸"这里是安菲尔德"的牌匾，以及近距离接触球队的冠军墙。

球队博物馆里有各种各样的藏品，你还有机会在这里和几座冠军奖杯单独合影，参观票价是23英镑。

如果还想了解更多，也可以选择"传奇问答之旅"（Legends Q&A with Stadium Tour），球队的传奇球星会亲自回答你的问题，并以亲身经历向你介绍球队的历史典故，还会与你合影，票价是50英镑，关于球场之旅的更多详细信息可以参考官网上的球场之旅页面（stadiumtours.liverpoolfc.com/tours）。

到达球场

安菲尔德地处利物浦东北，交通算不上方便，从市中心的利物浦One车站乘坐26路，或从Queen Square车站乘坐17路公交都可以到达球场。不过每到比赛日公交总是不太好坐，距离这里最近的轨道交通站点是Merseyrail's Northern line的Sandhills火车站，到球场的距离超过2公里。

每到比赛日，会有收费的Soccerbus将球迷从火车站送到球场，票价是往返3.5英镑，当然，如果对自己的脚力有自信，你也可以考虑步行前往，顺便感受一下利物浦的风土人情。事实上，官方非常鼓励球迷骑自行车到球场，还在球场附近划出了自行车停车区。

看台上狂热的球迷

利物浦博物馆中的奖杯墙

安菲尔德球场周边

1. 安菲尔德球场
2. 斯坦利公园
3. 玻璃温室The Isla Gladstone Conservatory
4. 阿诺德（Alexander Arnold）和亨德森（Jordan Henderson）的涂鸦
5. 古迪逊公园球场
6. 利物浦官方球迷商店
7. The Albert 酒吧

周边餐饮及景点

安菲尔德球场位于市郊的居住区,附近一排排的英式小楼像极了哈利·波特的姨妈家,居住区的安静舒缓与球场里的火爆气氛形成了鲜明对比。

球场周边没有什么大型商业设施,想要畅快购物或者大快朵颐的话恐怕只能离开这里前往市区了。不过这里球迷酒吧很多,球场南侧KOP看台外的球迷酒吧**The Albert**位置绝佳,气氛热烈,几乎成了球迷心中的圣地,来这里喝酒经常需要排队。**利物浦球迷商店**就在酒吧西侧,想要从利物浦带点特产回去的话,就来这里吧。

虽然购物和饮食都不太方便,但是这里的酒店倒是很多,可能是因为到达和离开都太困难了吧,你可以很轻松地在球场周边找到不同价位的酒店。它们大多在周边的民房里,在这里住上一晚,深入感受当地人的生活也是个不错的选择。

从球场向北跨过安菲尔德路就是著名的**斯坦利公园**(Stanley Park)了,公园里绿树成荫,非常适合休闲踏青,公园西侧还有一座漂亮的玻璃温室**The Isla Gladstone Conservatory**,经常会举办包括婚礼在内的各种活动,是当地颇为有名的"网红"打卡地。

顺带一提,利物浦与埃弗顿分家后,后者的新主场便是斯坦利公园北边的**古迪逊公园球场**(Goodison Park),两座球场之间的距离不到1公里,中间就隔着这个斯坦利公园,鉴于两队之间极其恶劣的关系,想必两边的球迷会经常在公园的草坪上约架吧。

除此之外,安菲尔德周边的旅游景点可谓乏善可陈,不过球场本身就是最著名的景点,漫步球场周边,体会一下这里浓厚的足球氛围也挺好。

球场及周边的居住区

利物浦官方商店

远处的蓝色球场就是古迪逊公园球场了

　　利物浦气候阴冷潮湿，凄风苦雨下的港口早已不复曾经的热闹，本地球迷的狂热多少也体现出了他们对这座城市辉煌过去的那份追忆之情。

　　虽然时过境迁，但利物浦人的倔强从未改变。跌倒了就站起来，滑倒了就爬起来，无论如何都不能停止前进的步伐，这可能就是码头工人精神的体现吧。

　　就如同《你永远不会独行》的歌词中所说的："走过风，走过雨，走过你那在风中飘摇的梦，继续前进，满怀希望的继续前进，你将永远不会独行。"

安菲尔德附近的街头涂鸦

夕阳下的安菲尔德

球迷从 The Albert 门口经过，前往安菲尔德

"梦剧场" 老特拉福德——
回到梦开始的地方

位置：
Sir Matt Busby Way,
Old Trafford, Stretford,
Manchester M16 0RA,
United Kingdom

容量：

74,310

　　2021-22赛季开始前，几桩重磅转会着实吸引了人们目光：先是梅西离开了效力20余年的巴塞罗那，前往巴黎追逐新梦想；后有C罗时隔12年之后重返曼彻斯特联队，回到了梦开始的地方——老特拉福德球场（Old Trafford Stadium）。

　　C罗在回到曼联的第一场比赛中就首发出场并独中两元，帮助本队4：1战胜对手。赛后，C罗通过社交媒体发表了自己的感想：我回到老特拉福德只是想告诉大家，为什么这里被称作"梦剧场"。

老特拉福德的荣耀与悲情

球场的早年岁月

曼联足球俱乐部成立后,曾先后以North Road球场和Bank Street球场作为自己的主场。由于Bank Street球场的草皮质量因周围工厂的存在而受到很大影响,球队不得不寻找新的场地。最终,球队决定在曼彻斯特Old Trafford这一地区修建一座新球场,"老特拉福德球场"这个名字也正是来源于此。

1909年底,老特拉福德球场正式落成。次年2月,这座球场举办了第一场比赛,由曼联对阵利物浦。不过遗憾的是,曼联在自己的新主场3:4落败,没有取得揭幕战的胜利。

双红会
球迷不用看

在英国工业革命时期,曼彻斯特和利物浦对英国的经济发展产生了巨大影响:曼彻斯特是当时的纺织业中心,是一座典型的英国城市,保守且内敛;利物浦是重要港口,是一座移民城市,文化多元且具有包容性。两座城市相距不远却风格迥异,它们之间的竞争也延续到了足球赛场上。作为英格兰成就最高的两支球队,曼联和利物浦这两支以红色为主基调的球队间的对抗被称作"双红会",比赛总是火药味十足,红黄牌满天飞更是家常便饭。

在"二战"期间,老特拉福德球场没能躲过炮火的袭击,在德军的空袭中受到了严重损毁,以至于曼联不得不借用同城对手曼城的主场——缅因路球场进行比赛。老特拉福德球场经过战后重建,直到1949年才再一次开门营业。

1878年成立

**曼联
足球俱乐部**
（Manchester
United）

球队主场

**老特拉福德
球场**
（Old Trafford
Stadium）

**欧洲冠军
联赛冠军**

3个

年份

| 1967-68 | 1998-99 | 2007-08 |

1900 1920 1940 1960 1980 2000 2020

1907-08		1951-52	1964-65	1992-93	2000-01
1910-11		1955-56	1966-67	1993-94	2002-03
		1956-57		1995-96	2006-07
				1996-97	2007-08
				1998-99	2008-09
				1999-00	2010-11
					2012-13

**英格兰
顶级联赛
冠军**

20个

　　曼彻斯特联队（Manchester United，简称"曼联"）是英超乃至全世界足球俱乐部中的佼佼者，有众多伟大的球员和教练在这里效力。豪门球队的主场自然也不一般，老特拉福德球场能容纳74,000余名观众，是英格兰第二大球场，规模仅次于温布利球场。

"Sir" 亚历克斯·弗格森

"二战"结束后至今，老特拉福德球场也经历了一系列修复和改建，先是在四座看台上方加上了屋顶，而由于支撑屋顶的立柱阻挡了球迷视线，柱子随后也被移去，改用悬壁柱固定屋顶。看台也逐渐被全部改成了坐席，在20世纪90年代之前，球场的每一次改建都导致容量的下降，最少时球场只能容纳44,000人，创下了历史新低。

不过，在传奇教练亚历克斯·弗格森爵士（Sir Alex Ferguson）的带领下，从20世纪90年代起，球队都取得了相当优异的成绩。为了满足球迷们的观赛需求，球队开始对球场进行扩建，老特拉福德逐渐有了现在的模样。

2012-13赛季，英超第37轮曼联对阵斯旺西，两队球员列队致敬弗格森爵士，这是弗格森在老特拉福德执教的最后一场比赛

球迷不用看

亚历克斯·弗格森生于苏格兰格拉斯哥，在球员生涯结束后成为一名职业教练。他执教曼联长达27年，带领曼联获得了30多个冠军奖杯，其中包括2座欧洲冠军联赛冠军奖杯和13座英超联赛冠军奖杯，本人也多次获得英超联赛最佳教练等奖项。

1999年，在率队夺得史无前例的三冠王（英超联赛冠军、足总杯冠军和欧洲冠军联赛冠军）之后，弗格森被英国皇室授予下级勋位爵士，成为"Sir"亚历克斯·弗格森。

弗格森的脾气非常火爆，每当球队表现不佳，他总会用高强度的输出"骂醒"球员，这种接连不断的语言攻势也被称为弗格森牌"吹风机"，广为流传。

虽然被主教练"吹风"之后的球员大多能拿出更好的表现，但偶尔也会有意外发生。2003年的一场足总杯比赛上，曼联0：2不敌阿森纳。比赛结束后在更衣室里，弗格森就第二个失球的责任归属问题与当家球星贝克汉姆产生了激烈争执，盛怒之下的弗格森一脚将地面上的一只球鞋踢飞，结果这只球鞋不偏不倚正好砸在贝克汉姆的眉骨上，"万人迷"的脸顿时血流如注，两人差点因此打起来。那个赛季过后，贝克汉姆便转会去了皇家马德里。

话虽如此，弗格森对球员的引导和帮助让所有人都心知肚明，贝克汉姆在多年之后也说过弗格森"就像是自己的父亲一样"。虽然弗格森偶尔也会因强硬的态度受到其他人的批评，但不能否认，他是世界上最伟大的教练之一。

"Sir"博比·查尔顿

南看台曾经是老特拉福德的主看台，虽然只有一层，但是球场包厢大多集中于此，如果有贵宾来观赛，他们都会被安排到这里。南看台上半部分的中间区域是媒体席，这里视野开阔，以便转播商为电视观众呈现更清晰的比赛画面。

2016年4月3日，在曼联和埃弗顿比赛开始之前，球队宣布将南看台正式命名为博比·查尔顿爵士看台（Sir Bobby Charlton Stand），以纪念这位传奇人物在60年前代表曼联第一次出场。

博比·查尔顿将自己的职业生涯都奉献给了曼联。1958年，曼联遭遇了慕尼黑空难的沉重打击，球队中有8名球员丧生。博比·查尔顿是幸存的球员之一，他克服了身体和心理的双重创伤，康复后再一次站在球场上，成了为曼联重整旗鼓的重要一员。

空难之后，救援人员在雪中进行救援工作

1966年，查尔顿作为英格兰队主力球员，获得了世界杯冠军。凭借在世界杯上的出色表现，他还被评为当年的欧洲足球先生。查尔顿在职业生涯中共为英格兰队出场106次，打入49球，这一纪录直到2015年才由鲁尼打破。

慕尼黑空难

1958年2月6日，曼联在欧洲冠军联赛淘汰了贝尔格莱德红星之后，全队乘飞机从贝尔格莱德启程返回曼彻斯特。中途，飞机在慕尼黑机场降落加油。当飞机再次起飞时，意外发生了：飞机爬升不足，冲出跑道，撞向了附近的民房和一辆装满燃料的卡车，随即发生爆炸。

空难中有23人遇难，包括8名球员和3名工作人员。这场灾难给曼联造成了毁灭性打击，许多人甚至觉得球队会就此

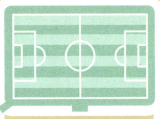

上、中、下三层
容量 26000

亚历克斯·弗格森爵士看台
Sir Alex Ferguson Stand

上下两层

斯特雷福德看台
Stretford End

曼联死忠球迷
的聚集地

上下两层

东看台

北

一层，媒体席、包厢、VIP室

博比·查尔顿爵士看台
Sir Bobby Charlton Stand

"慕尼黑通道"
（Munich Tunnel）

关门，不过球队在空难发生仅仅两周后的2月19日就再次登场比赛。由于球队缺兵少将，联赛结束后他们只获得了第9名。主教练巴斯比在空难后经过了半年恢复，在1958-59赛季重新回到赛场，带领曼联走上漫漫复兴之路。那之后，随着丹尼斯·劳、乔治·贝斯特等实力球员加盟，球队成绩也有所起色，终于在空难10年之后获得欧洲冠军联赛的冠军。巴斯比难掩激动的心情，8次举起奖杯，每举一次就念出遇难队友的名字，以告慰他们的在天之灵。

在南看台下方，俱乐部还开辟了一条"慕尼黑通道"（Munich Tunnel），常设有慕尼黑空难相关展览；在南看台和东看台交界处的外墙上，挂着一个"慕尼黑时钟"，时间永远定格在1958年2月6日；在东看台外墙上还有一块纪念牌匾，上面写着11名俱乐部遇难人员的名字。

东、西看台和"三圣"雕像

西看台也被称为"斯特雷福德看台"（Stretford End），是曼联死忠球迷的聚集地。这片看台虽然在球门后方，观赛视野算不上好，但总有最热烈的欢呼声，球员进球后也经常在这片看台前庆祝。

有上下两层的东看台可容纳12,000名观众，包括残疾人和客队球迷的坐席区域。看台内部还是俱乐部工作人员的办公地点，看台的下方是巨大的球迷用品商店。商店上方的屋顶上，矗立着巴斯比爵士的雕像。和巴斯比爵士雕像遥遥相对的，是东看台外广场上的曼联"三圣"（Holy Trinity）雕像：博比·查尔顿位于中间，左右两边分别是乔治·贝斯特和丹尼斯·劳。这个恐怖的前场进攻三人组合在为曼联效力期间，一共打进600多粒进球。在2008年曼联首夺欧冠奖杯40周年之际，俱乐部为这三人在球场外立起雕像，以表彰他们为球队做出的卓越贡献。

克里斯蒂亚诺·罗纳尔多
（Cristiano Ronaldo）

年少成名的C罗自葡萄牙体育俱乐部出道，2003年转会至曼联后，开始了自己传奇的职业生涯。2009年，成名后的C罗转会皇家马德里，他的大部分个人荣誉也都是在皇马效力期间获得的。

37岁通常已是职业生涯的末期，但是C罗依然保持着良好的竞技状态，这和他的自律分不开。他在曼联的前队友埃弗拉就曾经向媒体爆料，去C罗家做客就像是上了一堂训练课：午饭只有白开水和水煮鸡胸肉，饭后还要进行足球训练，之后还要去泳池游泳。埃弗拉这样评价C罗："他就是个训练机器。"C罗也有不服输的性格，因为在乒乓球比赛中输给了队友，他一气之下自己买了一台乒乓球桌，刻苦练习了两周之后终于战胜了队友。自律加上好胜的性格，就是C罗成功的基石。

司职中场的博格巴是夺得世界杯冠军的那支才华横溢的法国国家队中不可或缺的中场大将，作为中场球员，他既有强大的爆发力又有细腻的脚下技术，既有高大的身材又有飞快的奔跑速度，是一名不可多得的全能型选手。

博格巴最早在曼联的青年队打出名号，因为在这里缺少机会，2011年他转会去了尤文图斯。在意大利的这4年里，他帮助球队获得意大利甲级联赛的四连冠。出色的表现也让他有了超高的身价，2016年夏天，他以超过1亿欧元的转会费被曾经的老东家曼联又买了回去，这一转会震惊了欧洲足坛。

但是回到曼联之后，博格巴在场上的表现并不如在尤文图斯的表现一样出色，在这里他几乎从未拿出让人信服的表现，甚至多次被教练边缘化。博格巴酷爱给自己的头发做造型，奇特的颜色和怪异的设计十分吸引观众的眼球，但这也引来了更多的不满："曼联给你薪水，不是让你用来做头发的。"

最新消息是，2022年6月博格巴又被尤文图斯买了回去，希望他能在第二个老东家这里过得愉快。

老特拉福德之旅

参观老特拉福德应该是你在曼彻斯特的行程中必不可少的一项。

你可以参加传统的球场游览团队游（Standard Stadium Tour），从博物馆出发，依次进入更衣室、球员通道、球场替补席以及新闻发布厅等。

如果你对曼联的历史感兴趣，还可以选择参加在特定日期举办的传奇之旅（Legends Tour），球队曾经的著名球员摇身一变成为讲解员，不仅带你参观球场，还会讲述自己作为球员的亲身经历，带你"穿越"到那个时代。参观结束后，你可以在球场内的Red Café吃简餐休息一下，也可以在球迷用品商店选购一些纪念品回家，圆满结束球场之旅。

顺便一提，在球迷商店中能买到曼联与乐高合作生产的老特拉福德球场套装，这个套装由近4000个零件构成，高度还原了球场的种种细节，如雕像、慕尼黑时钟、球员通道、替补席等，虽然价格略贵，但收藏价值非常高。

传统团队游门票成人25英镑，16岁以下人士15英镑，还有包括Red Café提供的简餐的联票；传奇之旅的价格会贵一些，成人140英镑，16岁以下人士90英镑。可在球队官网manutd.com/en/visit-old-trafford/museum-stadium-tours购票。可以在tickets.manutd.com/en-GB/categories/home-tickets购买老特拉福德球票，但是热门比赛的球票往往很快售罄，并不容易买到。在官网购票时可以选择看台和座位，还可以看到你选择的座位的观赛视野如何。如果可能的话，一定要买一张西看台的球票，感受一下死忠球迷营造的热烈气氛——不会让你失望的。

到达球场

老特拉福德球场位于曼彻斯特东南的曼彻斯特运河南岸。球场离市中心较远，但是交通便利，**Old Trafford有轨电车站**位于球场南侧，车站距离球场不过几分钟的步行路程。也可选择乘坐Trafford Park线，在**Wharfside站**下车，从球场北侧过来。

周边餐饮和住宿

球场附近有多处就餐场所以及大型购物中心和超市，所以完全不用担心饿肚子的问题。值得一提的是，前曼联球星瑞恩·吉格斯和加里·内维尔在老特拉福德旁边开了一个足球主题酒店**Hotel Football**，装饰风格充满足球元素，有的房间还有正对球场的宽阔视野。酒店还提供"住宿+球场团队游"的套餐，详情可浏览官网hotelfootball.com。据说吉格斯经常来酒店视察工作，运气好的话，你还可以偶遇酒店老板。

周边景点

球场西北方向不远处，是**帝国战争博物馆北馆**（LWM North），这里由著名建筑师丹尼尔·里伯斯金设计，馆内展品揭示了战争对社会的影响，以及科技在战争中的作用。博物馆对面则是**英国媒体城**（Media City UK），BBC便将办公地点设在了这里，另外这里也是英国电视剧《加冕街》的取景地。媒体城东南方是**洛利艺术中心**（The Lowry Manchester），这里经常上演各种戏剧演出，也会展览L.S.洛利创作的多幅画作，毕竟艺术中心就是以他的名字命名的。

老特拉福德球场周边

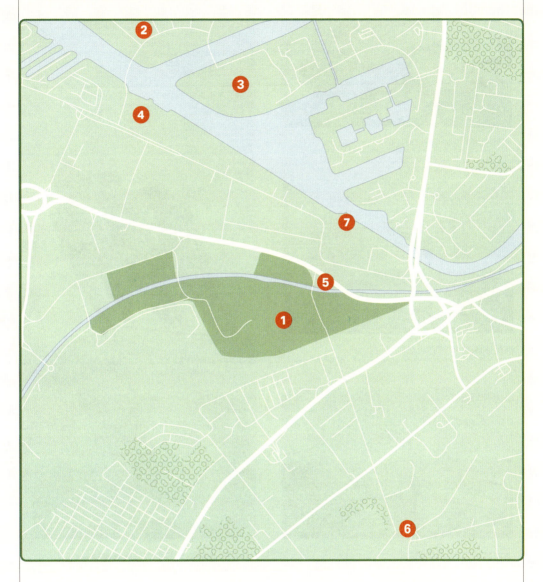

1. 老特拉福德球场

2. 英国媒体城

3. 洛利艺术中心

4. 帝国战争博物馆北馆

5. Hotel Football

6. Old Trafford有轨电车站

7. Wharfside车站

河畔的洛利艺术中心

英国媒体城，BBC的办公地点

帝国战争博物馆北馆

"三圣" 雕像凝视下的老特拉福德球场

　　虽然球场被人们称为"梦剧场"，但是曼联已经有多年没有在英超联赛获得"梦一般的结局"了，球队上一次获得冠军还是2013年。在刚刚结束的2021-22赛季，曼联的表现更是让人失望，联赛仅获第6名，而且从教练的战术布置到球员的自我管理，一切似乎都没有走在正确轨道上。为了让球队焕然一新，高层聘请了前阿贾克斯队主帅、荷兰人滕哈赫作为主教练。新赛季的曼联能否有新的起色，就让我们拭目以待吧。

北伦敦的红与白

托特纳姆热刺球场

位置：
782 High Rd, London
N17 0BX, United
Kingdom
容量：

62,850

酋长球场

位置：
Hornsey Rd, London
N7 7AJ, United
Kingdom

容量：

60,704

在欧洲各国的联赛中，英超联赛因为拥有众多球星和高强度的身体对抗，称得上是世界上最受关注的联赛。伦敦作为英国的政治与金融中心，有将近20支各个级别联赛的球队驻扎在这里，足球已经深入到每个伦敦人的心中，成为大家生活的一部分。在伦敦北郊，最著名的两只球队便是阿森纳（Arsenal）和托特纳姆热刺（Tottenham Hotspur）了，两队底蕴深厚，渊源颇深，它们的每一次对抗都会成为焦点。

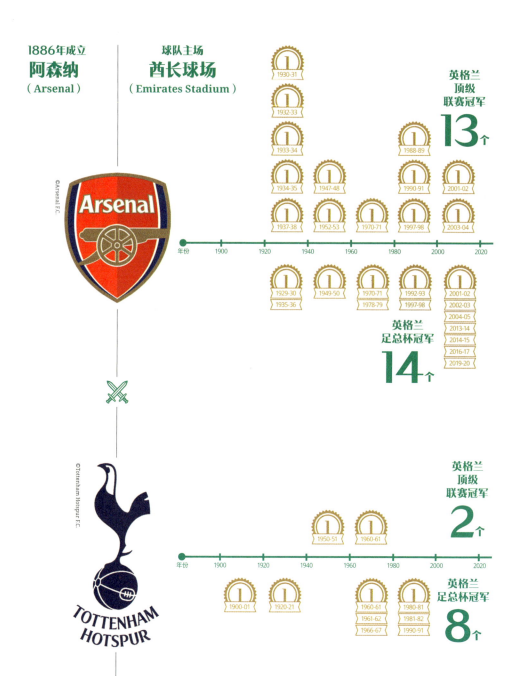

1886年成立
阿森纳
（Arsenal）

球队主场
酋长球场
（Emirates Stadium）

英格兰
顶级
联赛冠军
13个

1930-31
1932-33
1933-34
1934-35 1947-48
1937-38 1952-53 1970-71 1997-98 2003-04
1988-89
1990-91 2001-02

年份 1900 1920 1940 1960 1980 2000 2020

1929-30 1949-50 1970-71 1992-93 2001-02
1935-36 1978-79 1997-98 2002-03
2004-05
2013-14
2014-15
2016-17
2019-20

英格兰
足总杯冠军
14个

英格兰
顶级
联赛冠军
2个

1950-51 1960-61

年份 1900 1920 1940 1960 1980 2000 2020

1900-01 1920-21

1960-61 1980-81
1961-62 1981-82
1966-67 1990-91

英格兰
足总杯冠军
8个

1882年成立
**托特纳姆
热刺**
（Tottenham
Hotspur）

球队主场
**托特纳姆热刺
球场**
（Tottenham Hotspur
Stadium）

积怨已久的 北伦敦 德比

2021年

3月15日，一场普通的 北伦敦德比

由于阿森纳与热刺两队的主场都在伦敦北部，因此两队之间的对抗也被称为"北伦敦德比"。

2021年3月15日，两队又一次在联赛中交手。这场比赛中，虽然热刺先进1球，但阿森纳随后连扳2球。就像两队以往的交锋一样，这场比赛同样不乏戏剧性和火药味：点球、红牌、射门击中门柱、进球被判无效，足球比赛中该有的一切元素都有了，不愧是世界上最激烈的"德比"之一。

关于"德比"

球迷不用看

德比（derby）一词据说来源于英国德比郡创立的"德比赛马"。这项比赛在英国非常有名，参赛马匹又大都来自德比郡，于是人们便用"德比大战"来形容"来自德比郡的马之间的比赛"。之后该词逐渐被引申用于其他比赛中，多用来形容同一座城市中不同队伍之间的激烈对抗。

1913年

矛盾初显

©johnmaxmena2·CC0 1.0

早年在海布里球场中进行的一场比赛

阿森纳于1886年底成立于伦敦东南部，由伍尔维奇·阿森纳军备工厂的工人组成。在建队最初的20多年里，球队名称不断变化，球队主场也在不断搬迁。终于在1913年，阿森纳正式搬入位于伦敦北部的海布里球场（Highbury）。而这一举动遭到了将海布里看作为自己地盘的热刺球迷的强烈抗议，他们认为阿森纳侵犯了自己的"领地"。不过热刺球迷的抗议行为无济于事，阿森纳还是在这里扎根并发展壮大起来。

1919年
矛盾升级

让两队矛盾升级的事件发生在1919年。

当时英格兰最高级别的甲级联赛进行扩军，其中一个名额已被当时排名第19位的切尔西占据，另一个名额应该在排名第20位的热刺和乙级联赛中排名第3位的巴恩斯利中产生。

令人意外的是，乙级联赛排名第6位的阿森纳得到了升入甲级联赛的名额，硬是把热刺挤了下去，而阿森纳本没有资格进入到甲级联赛中。

有传言说当时的阿森纳俱乐部主席亨利·诺里斯（Henry Norris）通过不正当手段让球队获得了升级的机会，不过这一说法并没有得到证实。被竞争对手以这样不明不白的方式挤出顶级联赛，让热刺的球迷十分愤怒，两队的关系从此也变得水火不容。

"犹大"
坎贝尔

不过两队"老死不相往来"的关系并没有阻止球员的流动，其中一名"勇敢者"是索尔·坎贝尔（Sol Campbell）。坎贝尔出身于热刺的青年训练营，也是当时热刺的队长。但是他拒绝和热刺续约，并于2001年转会至阿森纳。之后每次他以阿森纳队员的身份回热刺主场参加比赛时，都会得到热刺球迷献上的"大礼"：写有"犹大"（Judas）字样的标语和气球。两支球队之间的紧张关系可见一斑。

球迷不用看

英超联赛即英格兰足球超级联赛（Premier League），是英格兰地区最高等级的职业足球联赛，由20支当地俱乐部组成，举办时间为每年8月至次年5月，赛季结束后，最后三位降入下一级联赛（英冠）。

重回热刺主场的坎贝
尔遭到了球迷们的"热
情"招待

英超联赛标志

孙兴慜
（Son Heung-Min）

在托特纳姆热刺效力的韩国前锋孙兴慜因球技出色，被广大球迷称为"孙球王"。孙兴慜确实配得上这个称号，在竞争激烈的英超赛场上，他几乎每场比赛都能获得首发，是球队的绝对主力，更是在2021-22赛季以23个联赛进球荣获英超金靴，是当之无愧的"亚洲之光"。

　　孙兴慜的成功除去自身的刻苦和努力之外，更离不开他的父亲孙雄正的悉心指导。作为一名曾经的职业球员，孙雄正在孙兴慜青少年时期就严格训练他的基本功。孙兴慜16岁前往德国汉堡开始自己的留洋生涯，孙雄正也依然在他身边，继续监督他的训练。他甚至提出"反对自己的儿子谈恋爱"，原因是"谈恋爱会对他的足球生涯造成影响"。有这样一位严父对自己严加鞭策，再加上自己的努力，孙兴慜的成功也是水到渠成的事了。

来自瑞士的中场球员扎卡拥有出色的拦截能力和传球技巧，能在激烈的中场搏杀中为球队拼出机会。他球风硬朗，脾气火爆，是阿森纳队内著名的"爆点"之一，也曾担任过阿森纳的队长。

火爆的脾气也曾给他带来麻烦，一场联赛中他因表现不佳被提前换下，听着全场观众的嘘声，扎卡无法保持冷静，他脱下球衣，将队长袖标扔给队友，比赛还没结束就直接回了更衣室。因为这次事件，扎卡也被剥夺了队长资格，他本人也因此产生了离队想法。

不过在阿森纳教练阿尔特塔的劝说下，扎卡最终还是选择了留下，他决定努力回报教练的信任。在和球迷的那次冲突事件之后，扎卡用表现证明自己依然是球队不可或缺的一员，他也被看作是球队中"无袖标的队长"。在最近的一次采访中，扎卡也表示，自己"做好了再次成为阿森纳队长的准备"。

相毗邻的两个球场

酉长球场和外面的加农炮

1913年阿森纳将主场搬到伦敦北部海布里球场这一举动，可以说是两支球队不和谐关系的导火索，因为仅在数公里之外的白鹿巷（White Hart Lane）球场早在1899年就已经成为热刺队的主场了，热刺的球迷自然认为自己才是北伦敦的主人。

两队不仅在球场上争得"你死我活"，在球场下也互不相让，甚至连新建球场这样的大工程也是你追我赶。

托特纳姆热刺球场外景

2006年，阿森纳在原主场海布里球场附近新建的酉长球场顺利竣工，球队搬进了新家。而在十几年后，热刺的新主场托特纳姆热刺球场也在原来的白鹿巷球场旁扩建成功。只是在扩建的这几年里，热刺不得不"委屈"一下自己，暂时搬到同位于伦敦的温布利球场进行主场比赛，体验了一把寄人篱下的滋味。

新修建的两座球场在设计方面各有千秋，充分体现了两支球队的特点。

参观酉长球场

博物馆中赫伯特·查普曼的雕像

酉长球场（Emirates Stadium）的名字来自于赞助商阿联酉航空，球场能容纳60,000多名球迷，容量比之前的海布里球场多了一倍。乘坐皮卡迪利线到阿森纳站（Arsenal）下车，就能看到指向酉长球场的指示牌。

说到阿森纳站，就不得不提球队伟大的教练和奠基人赫伯特·查普曼（Herbert Chapman）。他的贡献之一，就是提议将球场附近的地铁站吉莱斯皮路站（Gillespie Road）改为阿森纳-海布里希尔（Arsenal-HighburyHill）站。1960年，站名直接简化为阿森纳站，阿森纳也成为伦敦唯一一家以自己名字命名地铁站的俱乐部。

沿着指示牌的方向走，就能看到通往酋长球场的肯·菲尔桥（Ken Friar Bridge）。桥的两侧挂满了印有球队功勋球员照片的旗帜。

走下肯·菲尔桥，就能看到巨大的阿森纳队徽，因为球队最初的队员都是军备厂的工人，队徽中标志性的图案是一座加农炮。队徽的背景墙上则是包括亚当斯（Tony Adams）和亨利（Thierry Henry）在内的阿森纳历史上4名著名球员的背影，墙下面是这4位球员的简单介绍。

球场周围还有亚当斯、亨利和以球风优雅著称的"冰王子"博格坎普（Dennis Bergkamp）的雕像，经常有球迷驻足拍照。

博格坎普为自己的雕像揭幕

肯·菲尔从儿时起就是阿森纳的球迷。12岁时，正在球场外踢球的菲尔偶遇当时的主教练阿利森，阿利森给了他一份俱乐部的兼职工作。从此，菲尔的命运就与阿森纳联系在了一起。1950年起，他在阿森纳正式任职，并于1983年成为俱乐部董事。2011年，俱乐部决定将连接酋长球场与阿森纳地铁站的桥命名为肯·菲尔桥，并竖起一座雕像，以肯定他对俱乐部所做的贡献。2020年，他被任命为俱乐部的终身主席。

进入球场内部，先会看到查普曼、温格等功勋教练的半身像，以及部分奖杯的陈列。

三层是球队的贵宾厅，球队的高层可以在这里宴请客人。从贵宾厅出来，就可以看到球场全貌，座椅主体为红色，即阿森纳主场球衣的颜色。

一层看台的部分座椅为白色，组成了加农炮的图案。坐席中间，还标有阿森纳夺冠的年份和全世界的阿森纳球迷的标语，还能看到几处汉字，如"一生枪手，一世红白"。标语"P38，W26，D12，L0"则指的是阿森纳那个著名的不败赛季，即联赛38场比赛，赢26场，平12场，输0场。

2004年时的阿森纳队，那一年他们以不败战绩夺得联赛冠军

从三层来到一层，则是一个小展厅，墙上挂着展示球队辉煌瞬间的照片，还有一个时空胶囊，里面有39件和球队有关的物品，比如某位球员穿过的球鞋，有全体球员签名的队服，某场比赛的球票等。球员入场通道的两侧，是各个现役球员的剪影。

酋长球场完美展现了阿森纳辉煌的历史和引以为傲的战绩。

托特纳姆热刺的新球场

虽然热刺还比阿森纳早成立几年，但球队在国内联赛中的成绩并没有达到阿森纳的高度。直到2016年，来自阿根廷的主教练波切蒂诺给热刺队带来了全新的气象，在他带队的几年间球队始终位列联赛前四并稳压阿森纳一头，阿根廷人还带领球队打入了2019年的欧洲冠军联赛决赛。

虽然在决赛中他们输给了利物浦，但这已经是热刺历史上取得的最具有突破性的成绩，离欧洲之巅只差一步。

在成绩取得突破之后，下一步就是要升级硬件设施了，尤其是眼看着自己的同城死敌新建了一座球场，热刺在这方面自然也不甘落后。

酋长球场内景，看台上有巨大的加农炮标志

2018-19赛季欧洲冠军联赛决赛，热刺在马德里的万达大都会球场负于利物浦，获得亚军

　　欧洲冠军联赛（简称"欧冠"）由欧洲足球协会联盟（UEFA）主办，是欧洲足球俱乐部水平最高的赛事，分为小组赛和淘汰赛两个阶段。参赛球队都是欧洲各大联赛中的顶尖球队，网罗了全世界最好的足球运动员，因此竞争十分激烈，竞技水平甚至高于世界杯。获得这项赛事的冠军甚至被许多球队视为自身奋斗的最高目标。

2015年，从1899年就作为热刺主场的白鹿巷球场被拆除，在原址修建的新球场，即托特纳姆热刺球场，于2019年建成。新球场不仅容量更大，可容纳6.2万名观众，而且充满了科技元素，更具有前瞻性。

球场最引人注目的就是南看台，光是这面看台就可容纳17,500名观众，其倾斜度达到了34°，是英国允许的体育馆看台最大的倾斜度，看台前排距球场边线仅有4.9米，观众可以更近距离地观看比赛，也更容易营造出球场的紧张氛围。

球场的另一大特点是可同时存放两块可伸缩草皮，以便既能举办足球比赛，又可以举办美国国家橄榄球联盟NFL的橄榄球比赛以及音乐会等活动。用于足球比赛的草皮被放在上方，被分为三部分。伸缩之后，位于下面的用于橄榄球比赛的人造草皮会露出来。这一转换过程只需要25分钟就能完成。

草皮上方还安装了超过800盏照明灯，可以为草皮提供充足照明，保证草皮的质量。此外，球场内还安装了4块巨大的高清显示屏，总面积超过1000平方米，为英国之最，分别位于南看台和北看台。就连最让人诟病的无线网络，在这里也得到了改善。超过1600个无线网络接入点对球场实现了100%覆盖，可以让65%的观众同时收看网络直播。在球场内进行无现金消费也成为了可能，除了传统的借记卡和信用卡消费外，球迷还可以购买储值卡。这些举措都极大提升了球迷的观赛体验。

新球场的设计不仅站在了科技前沿，也不忘向老白鹿巷球场致敬。在新球场南看台的入口，有一块牌子写着"The Centre Spot"，这个地点就是老白鹿巷球场比赛的开球点，即球场中线的中点，超过2500场比赛曾在这

原白鹿巷球场旁扩建的新球场

恐怖的南看台上球迷们组成的巨大图案"TO DARE IS TO DO"正是球队的格言：敢作敢为

里的哨声中开始。重建后的托特纳姆热刺球场凭借超前的技术与现代化的设施，在2020年的全球体育馆商业大奖评选中（Stadium Business Awards），获得了"年度最佳体育场"大奖，可谓是实至名归。

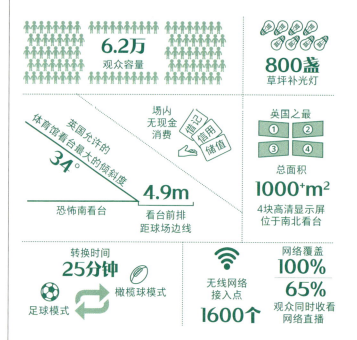

参观球场

如果想参观酋长球场,可在官网arsenaldirect.arsenal.com/tour/home购买团队游门票。另外,非俱乐部会员也可以在arsenal.com/tickets了解门票的相关信息。阿森纳在2020年获得足总杯冠军之后推出了一件纪念衫,球衣背后印有数字"14",表示阿森纳获得了14次足总杯冠军。另外还有球员亲笔签名的球衣,包装精美。这些都可以在球场内的球迷商店内买到。

想参观托特纳姆热刺球场,则可在官网https://experience.tottenhamhotspur.com/home.htm购买门票。作为一座新建成的设施齐全的球场,这里还球迷提供了众多餐饮选择。位于一层的The Market Place提供受球迷欢迎的传统街头小食,性价比很高。此外,还可以在球场南看台下方的The Goal Line Bar喝一杯,这个酒吧吧台长达65米,与球门线一样长,是世界上最长的吧台。

周边餐饮及住宿

Piebury Corner是一家主打英国传统食物(如馅饼)的餐馆,因为位于酋长球场附近,所以自然少不了阿森纳的元素。每到比赛日,餐厅里满是球迷,十分热闹。这里的每种馅饼都是以球队历史上著名球员的名字命名的:"亚当斯"是牛排馅的,"博格坎普"是鸡肉火腿馅的,"亨利"是鹿肉馅的,想吃"谁"随你挑。至于住宿方面,像伦敦这样的大城市住宿选择丰富,而且前往球场的交通便利,可根据自己的实际情况选择。比如,The Bill Nicholson Pub距托特纳姆热刺球场只有2分钟路程,以热刺名宿比尔·尼科尔森的名字命名,房间整体装饰风格为蓝白色调,与球队队徽的颜色相一致。一楼是个酒吧,每到热刺的比赛日,便成了热刺球迷的聚集地,不妨在这里喝一杯。

吧台前人头攒动

各种以球员名字命名的馅饼,你想"吃"谁呢

酋长球场及热刺球场周边

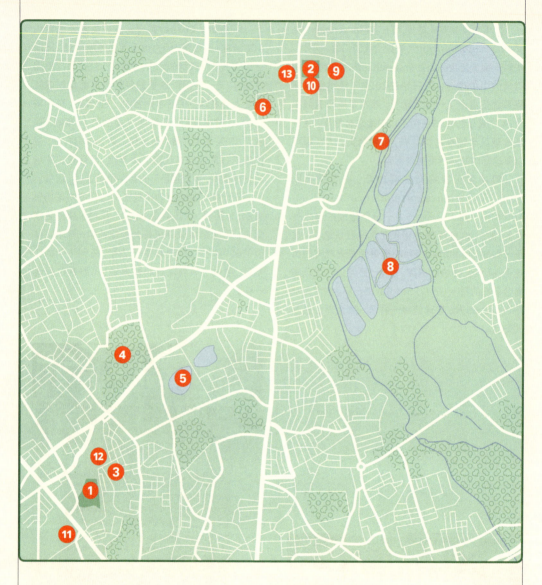

1. 酋长球场
2. 托特纳姆热刺球场
3. 海布里广场
4. 芬斯伯里公园
5. Woodberry湿地
6. 布鲁斯城堡公园
7. 托特纳姆湿地公园
8. 沃尔瑟姆斯托湿地公园
9. The Bill Nicholson Pub
10. The Goal Line Bar
11. Piebury Corner
12. Arsenal地铁站
13. White Hart Lane城铁站

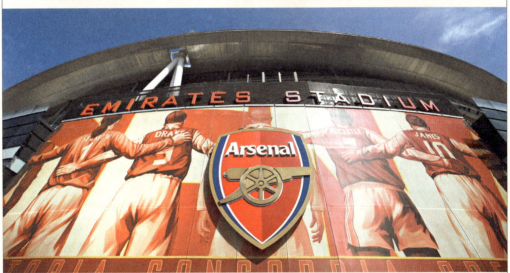

两座球场外墙上
巨大的球队标志

虽然两支球队已多年没获得过英超联赛冠军，但是每当其他球队踏入酋长球场和托特纳姆热刺球场，和这两支老牌劲旅对抗，仍能感受到一种无形的压力和震撼力。老球场虽已不复存在，但传承仍在继续，两支球队也将继续在新球场留下自己的故事。

奖杯巡礼

足球界有各式各样的赛事，于是也就有了各式各样的冠军奖杯，以下是其中一部分比较著名的：

世界杯冠军奖杯

FIFA World Cup Trophy（大力神杯），生命之杯，将其高举过头顶可能是所有男足运动员一生的梦想。夺得世界杯冠军最多的国家队是巴西国家队，共5次。

女足世界杯冠军奖杯

FIFA Women's World Cup Trophy，自1999年启用，中国女足在那一年的世界杯中闯入决赛，虽然最后在点球大战中惜败美国队，但这已经是中国足球在国际赛事中取得的最好成绩了。夺得女足世界杯冠军最多的国家队是美国国家队，共4次。

欧洲杯冠军奖杯

Henri Delaunay Trophy（德劳内杯），以提出欧洲杯倡议的法国足协秘书长亨利·德劳内的名字命名。夺得欧洲杯冠军最多的国家队是德国国家队和西班牙国家队，各3次。

非洲国家杯冠军奖杯

Abdelaziz Abdallah Salem Trophy，以首任非洲足联（CAF）主席的名字命名。非洲国家杯目前每两年举行一次，较为频繁。夺得非洲国家杯冠军最多的国家队是埃及国家队，共7次。

美洲杯冠军奖杯

Copa América Trophy，据说是世界上最古老的奖杯，造型古朴。美洲杯举办间隔并不固定，甚至曾在2015-16年连续举办过两次，于是又被部分球迷戏称为"每周杯"。夺得美洲杯冠军最多的国家队是阿根廷国家队和乌拉圭国家队，各15次。

亚洲杯冠军奖杯

Asian Cup Trophy，2019年才启用的新奖杯，以莲花的形状为设计灵感来源。夺得亚洲杯冠军最多的国家队是日本国家队，共4次。

俱乐部荣誉

欧洲冠军联赛冠军奖杯

European Champion Clubs' Cup（欧洲冠军俱乐部杯），俗称"大耳朵杯"，一直以来都被视为欧洲足球俱乐部层面的最高荣誉。夺得欧冠冠军最多的俱乐部是西班牙皇家马德里，共14次。

英超联赛冠军奖杯

EPL Trophy，奖杯造型暗含"三狮军团"的隐喻：除去把手上有两只狮子之外，"举起奖杯的那个人此时就成了第三只狮子"。夺得英超（包括前身英甲在内）联赛冠军最多的俱乐部是曼联，共20次。

俱乐部荣誉的马太效应

英超 20队
曼联 13次
曼城 6次
切尔西 5次
阿森纳 3次
其他球队 3次

西甲 20队
巴塞罗那 14次
皇家马德里 10次
马德里竞技 3次
其他球队 3次

意甲 20队
尤文图斯 14次
AC米兰 7次
国际米兰 6次
其他球队 2次
（少了一次，有一年尤文图斯的冠军被剥夺了）

德甲 18队
拜仁慕尼黑 20次
多特蒙德 5次
其他球队 5次

苏超 12队
格拉斯哥流浪者 13次
凯尔特人 17次

没有其他，就他俩了

就如同几乎所有其他领域一样，职业足球也是"强者更强"，随着资本的不断涌入，各项荣誉愈发向着少数几家俱乐部集中。近30个赛季，欧洲主要联赛中俱乐部夺冠次数如图：

西甲联赛冠军奖杯

La Liga Trophy，夺得西甲联赛冠军最多的俱乐部是皇家马德里，共35次。

意甲联赛冠军奖杯

Coppa Campioni d'Italia，这个通体金色的奖杯在2015年左右"长高"了近20cm，这是为了适应电视转播的需要——之前那个在电视上看起来太小了。夺得意甲联赛冠军最多的俱乐部是尤文图斯，共36次。

德甲联赛冠军奖盘

Deutsche Meisterschale，欧洲联赛中少见的奖盘形式荣誉证明，有"沙拉盘"的爱称。夺得德甲联赛冠军最多的俱乐部是拜仁慕尼黑，共32次。

荣耀马德里

位置：
Av. de Concha Espina,
1, 28036 Madrid, Spain

容量：
81,044

　　相比于英超联赛的刚猛，喜欢细腻的脚下技术和战术配合的球迷可能更愿意关注西班牙足球甲级联赛（La Liga）。南欧球员本就以技术（和飘逸的秀发）见长，同时因为先天的语言优势，西甲联赛还吸引了大批高水平的南美裔球员，这从很大程度上塑造了联赛的形态，相比皮球满天飞、一言不合就撂倒对方球员的英超联赛，在西甲赛场能看到更多让人眼花缭乱的配合和令人叹为观止的脚法，也能让我们从另一个侧面领略足球运动的魅力。

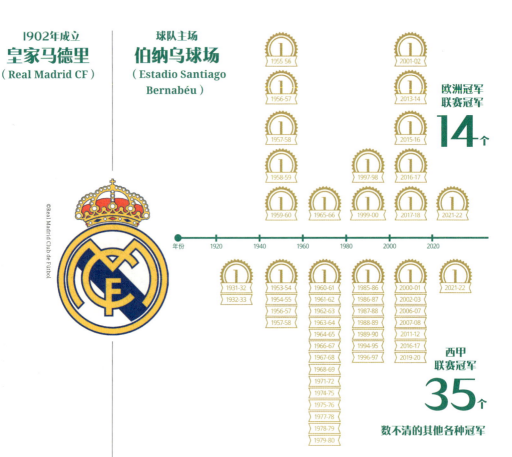

1902年成立
皇家马德里
（Real Madrid CF）

球队主场
伯纳乌球场
（Estadio Santiago Bernabéu）

©Real Madrid Club de Fútbol

欧洲冠军联赛冠军 14个

1955-56　1956-57　1957-58　1958-59　1959-60　1965-66
2001-02　2013-14　2015-16　1997-98　2016-17　1999-00　2017-18　2021-22

年份　1920　1940　1960　1980　2000　2020

西甲联赛冠军 35个

1931-32　1932-33
1953-54　1954-55　1956-57　1957-58
1960-61　1961-62　1962-63　1963-64　1964-65　1966-67　1967-68　1968-69　1971-72　1974-75　1975-76　1977-78　1978-79　1979-80
1985-86　1986-87　1987-88　1988-89　1989-90　1994-95　1996-97
2000-01　2002-03　2006-07　2007-08　2011-12　2016-17　2019-20
2021-22

数不清的其他各种冠军

光荣的皇家马德里和伟大的伯纳乌球场

3000+
座奖杯

　　说到西甲联赛，许多人首先想到的可能就是皇家马德里俱乐部（Real Madrid CF，简称"皇马"）了。事实上，如果一定要在全世界这么多足球俱乐部里评选一个最成功的，那答案很可能也是皇家马德里。

　　据不完全统计，皇马至今已经获得了大大小小超过3000座奖杯，这其中就包括14座沉甸甸的欧冠冠军奖杯，这一数字令其他欧洲俱乐部望尘莫及（第二名是AC米兰：7座）。

　　无数球员将加盟皇马作为自己足球生涯的终极目标，而作为球队主场的圣地亚哥·伯纳乌球场（Estadio Santiago Bernabéu）也成为所有球员和球迷心目中的足球圣堂。

1902
俱乐部创立

皇家马德里俱乐部创立于1902年，创立之初名为马德里足球俱乐部。1920年，西班牙国王阿方索十三世将"皇家"头衔赋予球队以推动足球运动在首都的发展，球队因此改名为皇家马德里，并延续至今。

1943
重整旗鼓

球队在那之后几经沉浮并经历了西班牙内战的毁灭性打击。内战结束后的1943年，废墟中的俱乐部迎来了新任主席圣地亚哥·伯纳乌（Santiago Bernabéu），他对球队进行了大刀阔斧的改革，其中就包括重建老旧的主场——查马丁足球场。

圣地亚哥·伯纳乌（摄于1971年）

圣地亚哥·伯纳乌出生于1895年，14岁便代表马德里青年队登场比赛，之后成为皇马队长并在退役后加入球队董事会。西班牙内战结束后，他当选俱乐部主席，带领百废待兴的球队一路登上欧洲之巅，执掌球队长达35年。1978年，他因积劳成疾倒在了自己的办公室，可以说是为球队"鞠躬尽瘁，死而后已"了。

1947
新球场落成

1947年，新查马丁足球场落成。这是当时世界上最先进的球场，可容纳75,145名观众。伯纳乌为球队带来了许多优秀的球员和全新的经营理念，球队在他的带领下一路高歌猛进，不断取得荣誉，其中就包括作为创始球队之一蝉联了头五届欧洲冠军杯的冠军。

1955
定名伯纳乌

伴随着球队战绩的提升，扩大球场规模的呼声越来越高，于是球场第一次被翻新。1955年6月，翻新工作完成，球场容量扩大到125,000人，成为当时世界上最大的足球场之一。而在之前的1月，为了嘉奖伯纳乌主席为俱乐部做出的贡献，球场更名为圣地亚哥·伯纳乌球场并沿用至今。

几十年间，球队的成绩有所起伏，但始终保持在欧洲前列。

20世纪末
翻新和改造

20世纪80年代，为了举办1982年世界杯，伯纳乌球场再次进行了翻新，为了增加遮雨棚而拆除了部分座椅，同时增设了新闻发布厅和各式先进的电子设备，随后这里成功举行了当届世界杯的决赛。

进入20世纪90年代，面对日益严峻的球场暴力问题，欧足联大幅提高了球场安保要求，于是伯纳乌再一次进行了改造，在3层看台以上修建了第4层看台和可伸缩的雨棚，增加了球迷通道的数量和4座出入塔。

同时，为了解决球场草皮枯萎的问题，球场在草皮以下铺设了庞大的地暖系统。耗资不菲地改造过后，球场的容量增至110,000人。不过之后因欧足联要求观众席必须全部为座席，球场不得不在站立区放置座椅，球场容量最终降至75,328人。

新千年
"银河战舰"

进入新千年，建筑商人佛罗伦蒂诺·佩雷斯（Florentino Pérez）当选球队主席，他大手笔地引进了包括齐达内、罗纳尔多、贝克汉姆在内的多名世界级足球巨星，开启了皇家马德里的"银河战舰"时期。

同时，他也对伯纳乌球场进行了大规模的商业化改造，在球场内修建了包括商场、酒店、餐厅、酒吧在内的许多商业设施，翻新了球队博物馆，以及为看台座椅增设了加热系统并再次提升球场容量到8万人以上。改造完成后，伯纳乌球场被评为"欧足联五星级足球场"并成为2010年欧洲冠军联赛决赛的举办地。

2010年的欧冠决赛中，国际米兰俱乐部在主教练穆里尼奥的带领下击败拜仁慕尼黑获得欧冠冠军，成就了"三冠王"的伟业，葡萄牙狂人站在伯纳乌场地之中环视四周的画面也成为欧冠历史上的经典镜头之一。不久之后，穆里尼奥就成为皇家马德里的主教练。

扩建后的伯纳乌球场，
四角建起了巨大的出
入塔

"这球场还真漂亮啊，
没事过几天就是我的
了。"（设计台词）

不过巨星政策带来的后果有好有坏，银河战舰的前路也并非一帆风顺，球队的成绩起伏不定，佛罗伦蒂诺也在2006年黯然离开，而俱乐部的情况并没有因为他的离开而得到改善。

2009
"银河战舰"
再出发

2009年，佛罗伦蒂诺再次出山并带来了"银河战舰2.0版"。持续的大手笔投入和正确地选人、用人带来了辉煌的战果——皇马史无前例地在5年内4次夺得欧冠冠军，成为举世公认的欧洲王者，俱乐部也已开始实施他们更加大胆的伯纳乌扩建计划。

2021
"欧洲超级联赛"

俱乐部方面其实还有更大的野心，那便是抛下日益臃肿（且分赃不均）的欧足联自己单干。多年运作之后，这一计划终于得以实施，2021年4月，以皇马为首的12家欧洲最负盛名的俱乐部一同公布了自组联赛、退出欧足联全部赛事的"欧洲超级联赛"计划，这几乎在世界足坛引发了一场大地震。

但如同儿戏一般，仅仅过了差不多48小时，这个足以颠覆欧洲足球版图的新联盟便以其中10支球队的退出而濒临土崩瓦解，水面下到底发生了什么我们不得而知。

那之后仍在坚持的就只剩下本文的主角皇家马德里和它的老对手巴塞罗那了。虽然两队的球迷非常担心被秋后算账，不过一年过去了，这样的事情似乎也并没有发生，大部分人也已经忘记了这个野心勃勃的计划。欧洲超级联赛还存在吗？没有人能回答，不过48小时的极速反转也让人们见识到了欧洲足球体系的复杂性。所以发生这种情况究竟是谁的责任呢，嗯，果然还是怪本泽马吧。

世间的一切痛苦悲伤都可以怪到本泽马头上，究其原因，大概是彼时皇马前锋线上的另外两名球员C罗和贝尔太过耀眼，于是每当球队大杀四方，球迷就把功劳就都算在了他俩头上，而一旦球队状态低迷，又总能找到各种理由把责任全推给本泽马，久而久之，本泽马就成了全世界的背锅侠。

一个经典的应用场景是：为什么西班牙国家队在2018年世界杯上表现如此糟糕呢？因为临阵换帅。为什么要换主教练呢？因为

"怪我喽"
（设计台词）

之前的主教练被皇马挖走了。为什么皇马要强挖别人家的主教练呢？因为原来的主教练齐达内拿到欧冠三连冠之后决定急流勇退。那皇马是怎么拿到欧冠三连冠里第三冠的呢？就是本泽马从对面那个虽然长得帅但是脑子不太好使的守门员手上把球接下来踢进球门造成的啦（利物浦球迷之无能狂怒）。所以，全怪本泽马！

未来
更华丽，更先进

　　虽说甩开欧足联自立门户的想法没能成为现实，但这并没有影响球场扩建计划的实施，俱乐部将要完全重建伯纳乌的外墙并兴建全封闭可伸缩的球场顶棚。到扩建工作完成之时，一座极具未来气息的超现代化球场就将展现在我们面前，让我们期待着那一天的到来吧。

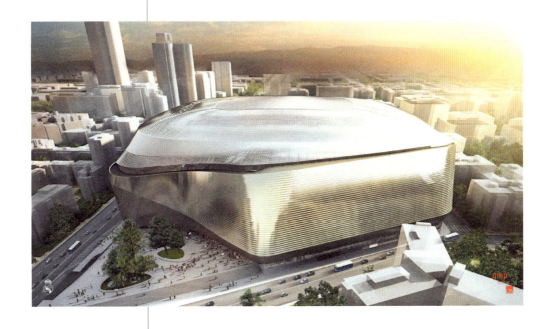

球场翻新之后的效果图

西班牙国家德比

国家德比的赛场
总是星光熠熠

说起皇马，就不得不提西班牙国家德比，足球世界有各种各样的德比，但是能称作"国家德比"（El Clásico）并在前面加上定冠词的就只有西班牙国家德比了。

每赛季至少两次，皇家马德里和巴塞罗那这两支世界上最成功的足球俱乐部会在赛场上一较高下。每到这个时候，全世界数十亿球迷的目光都会汇聚到这里，热烈的气氛几乎能将球场的顶棚掀翻。无论场上还是场下，国家德比总是充满无尽的故事，两只球队汇集了可能是全世界最出色的一批足球运动员，代表了可能是世界上最高的技战术水平，因而往往也具有极高的观赏性。

国家德比是造梦的舞台，有人大放异彩，有人黯然神伤，有名不见经传的年轻球员在这里一球成名，也有功成名就的巨星独自退场。

作为比赛场地，伯纳乌见证了许多场经典的国家德比，贝克汉姆的"圆月弯刀"和小罗的"牛尾过人"（球员快速地分别用外脚背和内脚背触球，晃动过人）都曾在这里上演。作为球迷，能够亲临球场与8万多名观众一起为喜爱的球队呐喊助威，可以说是终生难忘的回忆。

站在最顶端的
看台就如同在
山顶一般

伯纳乌看台的倾斜度非常高，站在顶端会有一种身处悬崖峭壁的错觉，紧凑的布局让观众和运动员之间的距离更近，使得比赛的气氛更加狂热，场上场下都充满了火药味。

国家德比竞争的不仅仅是一场足球比赛的胜负，其象征意义可以扩展到地域以至民族冲突的层面，某种程度上甚至代表了西班牙首都马德里和加泰罗尼亚地区之间的对立。

不过即便如此，比赛中也常有温情的时刻。在伯纳乌，皇家马德里的球迷曾经数次集体为表现优秀的巴塞罗那球员起立鼓掌，而双方的球员也经常互相帮助共同面对场上场下的各种不公现象，这大概就是足球本身的魅力吧。

加雷思·贝尔
（Gareth Bale）

威尔士国脚，因长相与孙悟空颇为神似而有了"大圣"的绰号（这里暂且认为是在夸他）。贝尔速度极快，体格健壮，射门能力也非常强，长期是公认的世界顶级前锋之一，可以说并没有辜负他的绰号。

贝尔曾经多次在重要比赛中上演精彩进球，是一名不折不扣的大场面先生。不过相对来说，他在日常的训练和比赛中又常有一些心不在焉，甚至还被记者抓拍到在球队训练场上练习高尔夫挥杆动作，可能也是因为如此，贝尔的皇马生涯波折连连，争议不断。不过他本人倒也并不在乎，某一次威尔士队的比赛赛后还和队友拉出了"威尔士、高尔夫、马德里，是这个顺序"的横幅。手握足球界数一数二的薪水却经常出工不出力，但又能在关键时刻拯救球队，皇马球迷们对贝尔大约也是又爱又恨吧。

威尔士队的实力偏弱，强如贝尔此前也从未登上过世界杯的舞台，2022年的卡塔尔世界杯将是他的世界杯首秀，同时恐怕也将是告别演出了。

卢卡·莫德里奇
（Luka Modrić）

克罗地亚国脚，克罗地亚国家队和皇家马德里俱乐部共同的中场核心，他传球精准，视野开阔，精妙的球技常给人变魔术一般的感觉，于是又有了"魔笛"的绰号，是许多人心中的世界最佳中场球员之一。

　　作为一名小个子中场球员，他在皇马队内一众高大威猛的前后场球员之中常常给人一种小鸟依人的感觉。不过不要被他的身形骗到了，莫德里奇的球风非常硬朗，尤其是在防守端，凶狠的拼抢相对许多强力后卫也不遑多让。2018年，莫德里奇带领克罗地亚国家队一路过关斩将，历史性地闯入了世界杯决赛，本人也当选了该届世界杯最佳球员并在年底获得了金球奖，打破了C罗和梅西对这项荣誉长达10年的垄断。

　　虽说莫德里奇已经在皇马效力10年，职业生涯的巅峰期全部留在了这里，但他曾经是一名巴塞罗那球迷，早年还曾手举巴塞罗那球衣接受采访。不过，工作是工作，生活是生活嘛。

畅游伯纳乌

伯纳乌位于马德里北部查马丁区（Distrito de Chamartín）的卡斯提利亚大道（Paseo de la Castellana）东侧。公共交通非常便利，想要参观球场，只要乘坐马德里地铁10号线在**圣地亚哥·伯纳乌站**下车即可。

球场西侧路边的小公园为纪念1982年世界杯而建，参观球场前不妨来这里转转。球场提供多种参观套餐供球迷选择，在球队官网上预订门票可以享受3欧元的优惠。

伯纳乌之旅首先会带你来到球场的最高点俯瞰整座球场，之后参观看台区、更衣室和球员通道，感受现场氛围；造访伯纳乌博物馆，见证球队的辉煌历史，与14座欧冠奖杯合影，在虚拟现实的球场场景中感受球迷的呐喊；最后，如果你想带走什么的话，皇马旗舰店就在球场东侧。

购买参观门票的网址是realmadrid.com/en/tour-bernabeu；球场除圣诞节和新年当天之外全年无休，如遇比赛日则会提前5小时清场。

购票除了官网之外，也可致电902 324324购买（仅在西班牙境内有效）。

皇马奖杯墙一角

周边餐饮及住宿

伯纳乌球场位于繁华的商业区，周边有各种商场酒店，包括大型购物中心如**El Corte Inglés**和**Centro Comercial Moda Shopping**等，可满足你的一切需求。

伯纳乌内部也有自己的酒店和餐厅，在可以俯瞰球场的La Esquina餐厅吃上一顿烤肉无比惬意。不过这里在比赛日不对外开放，同时价格可能也会让你皱眉。

周边景点

伯纳乌位于马德里北部，与太阳门等马德里传统景点距离较远，不过这附近也有不少有趣的地方。

球场对面的卡斯提利亚大道西侧是曾经的**国会宫礼堂**（Palacio de Congresos de Madrid），虽然因为各种原因这里已经废弃多年，但是礼堂大门上方超现实主义画家胡安·米罗（Joan Miró）的画作仍然让这里成为网红打卡地。

从球场向北1公里左右可以看到著名的**欧洲之门**（Puerta de Europa），这两座倾斜15°的建筑是马德里的地标之一。

从球场向南1公里左右的**国立自然科学博物馆**（Museo Nacional de Ciencias Naturales）也非常值得一去。

除此之外，火热的马德里街头处处都是风景，闲暇时分在球场背后的小巷里走走，参观一下**圣心堂区**（Parroquia de los Sagrados Corazones）和**马德里圣奥古斯丁学院**（Colegio San Agustín）也是不错的选择。

伯纳乌周边

1. 圣地亚哥·伯纳乌球场
2. 欧洲之门
3. 旧国会宫礼堂
4. 国立自然科学博物馆
5. 圣心堂区
6. 马德里圣奥古斯丁学院
7. El Corte Inglés购物中心
8. Centro Comercial Moda Shopping购物中心
9. 圣地亚哥·伯纳乌地铁站
10. Nuevos Ministerios火车站

国立自然科学博物馆

礼堂上方的画作

欧洲之门

夕阳西下，伯纳乌球场内的灯光也被点亮

　　皇家马德里是一个如雷贯耳的名字，可能也是全世界所有足球俱乐部中最知名的。作为皇马的主场、马德里的名片和西班牙足球的一面旗帜，伯纳乌球场自然也长期位于马德里旅游推荐榜的前列，无论是不是球迷，来参观这座宏伟的殿堂都会让你满载而归。🖼

"不仅仅是一家俱乐部"：
骄傲的巴塞罗那

©Manminder Singh·Pixabay

作为加泰罗尼亚自治区的首府，巴塞罗那这座城市拥有独特的文化：哥特风格的古老建筑与高楼大厦交相辉映，著名的现代主义建筑师高迪的作品广布全城，就连城市孕育出的巴塞罗那俱乐部也被打上了独特的烙印。虽然皇家马德里是西班牙获得冠军数量最多的俱乐部，但巴塞罗那在和皇家马德里的对抗中并不落于下风，两队之间的每一次对抗都如火星撞地球一般，吸引着全世界的目光。

位置：
C. d'Arístides Maillol, 12, 08028 Barcelona, Spain

容量：
99,354

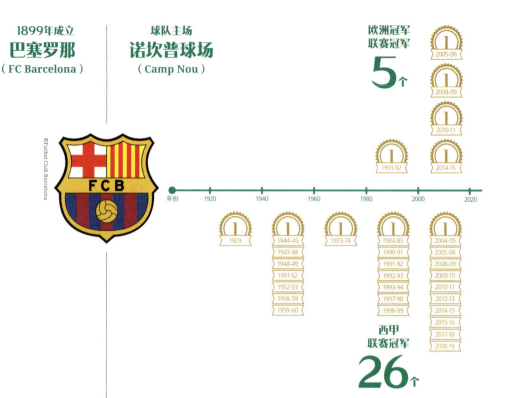

1899年成立
巴塞罗那
（FC Barcelona）

球队主场
诺坎普球场
（Camp Nou）

欧洲冠军
联赛冠军
5个

1 2005-06
1 2008-09
1 2010-11
1 1991-92
1 2014-15

年份　1920　1940　1960　1980　2000　2020

1 1929

1944-45
1947-48
1948-49
1951-52
1952-53
1958-59
1959-60

1 1973-74

1984-85
1990-91
1991-92
1992-93
1993-94
1997-98
1998-99

2004-05
2005-06
2008-09
2009-10
2010-11
2012-13
2014-15
2015-16
2017-18
2018-19

西甲
联赛冠军
26个

改变命运的
临时决定

巴塞罗那俱乐部的建立颇有戏剧性。

1899年，瑞士人胡安·甘伯（Joan Gamper）本打算远赴非洲去做糖果贸易，但是他临时决定顺道去巴塞罗那看望舅舅。也许是来自地中海的暖风和阳光让甘伯爱上了这座城市，他随即改变了主意，决定不再南下非洲，而是在巴塞罗那定居。同年10月，曾是足球运动员的他在报纸上刊登了一则广告，打算组建一支足球俱乐部，这一提议马上得到了积极反响。一个多月后，巴塞罗那俱乐部宣告成立。

胡安·甘伯原名汉斯·甘伯，早期在瑞士巴塞尔俱乐部效力。巧合的是，巴塞尔的球衣颜色也是红蓝两色，与巴塞罗那主场球衣颜色一致。有人说，是甘伯将巴塞尔的球衣颜色引入了巴塞罗那，但是这个说法无从考证。

作为俱乐部创始人，甘伯在俱乐部历史中占据重要地位。自1966年起，每年新赛季开始前，巴塞罗那都会在主场举办"甘伯杯邀请赛"。这项赛事既是赛季前重要的热身赛，也是向甘伯致敬。

诺坎普的建立

甘伯在担任俱乐部主席期间，主持修建了Les Corts球场。球场于1922年落成，一直作为巴塞罗那俱乐部的主场，并在20世纪40年代扩容至60,000人。1950年，匈牙利球星库巴拉的到来，在巴塞罗那掀起了足球热潮。人们意识到，现有的球场已不能满足球迷的需要，于是建造一座新球场就提上了日程。

1957年
修建完毕，花费
2.88亿比塞塔

诺坎普球场（Camp Nou）于1954年开始修建，并于1957年修建完毕。球场的设计工作由建筑师Francesc Mitjans Miro和Josep Soteras Mauri承担。整座球场分为上、中、下三层，采用了无顶棚式设计和钢筋混凝土结构。当时修建这座球场让巴塞罗那花费了2.88亿比塞塔，这也让俱乐部背上了沉重的债务。

在之后的五十多年中，球场经历了数次改扩建，才有了现在的模样。

1998-99
赛季获评欧洲
等级最高的球场

1998-99赛季，欧足联根据球场的设施状况，将诺坎普球场评为五星级球场，按现在的标准来说，就是第四级别（Category Ⅳ）球场，也是欧洲等级最高的球场。球场能容纳近十万名观众，是现今世界上最大的足球场之一。

除了作为巴塞罗那俱乐部的主场，诺坎普也承办了多项重大比赛，如1982年世界杯和1992年巴塞罗那奥运会的足球比赛，其重要性不言而喻。

诺坎普
名字来历
球迷不用看

最初，球场的官方名其实是Estadi del FC Barcelona，即巴塞罗那足球俱乐部体育场，但球迷似乎更愿意用加泰罗尼亚语"Camp Nou"来称呼它，音译过来即是诺坎普，意为"新球场"。2000年，俱乐部还为球场名称进行了一次投票，在将近30,000张选票中，有68%的球迷都把球场名称投给了Camp Nou。

不仅仅是一家俱乐部

在球场大门处，矗立着库巴拉和荷兰球星克鲁伊夫的雕像。正对大门处是巴塞罗那俱乐部的博物馆，博物馆里陈列着俱乐部获得的大大小小数十座奖杯，最引人注目的就是巴塞罗那在2009年夺得的6座奖杯——巴塞罗那俱乐部在当年夺得了包括西班牙国王杯、西甲联赛、欧洲冠军联赛、西班牙超级杯、欧洲超级杯和世俱杯在内的6项冠军，可谓风光无限。

博物馆还专门为曾经的当家球星梅西开辟了一个区域，展示了他迄今为止获得的个人荣誉，如金球奖、金靴奖等。在互动区域，还可以戴上耳机，聆听巴塞罗那队歌。

博物馆可以直通二层看台，在这里可以一览球场全貌。球场三层看台的坐席颜色红蓝相间，这也是巴塞罗那主场球衣的颜色。其中一侧看台的部分坐席为黄色，按对应位置组成了"FC BARCELONA"字样；对面看台的黄色座席则组成了加泰罗尼亚语字样"MES QUE UN CLUB"，意为"不仅仅是一家俱乐部"——

除了在竞技方面追求成绩，俱乐部也希望能将谦逊、尊重、团队精神的价值观传递出去。

"不仅仅是一家俱乐部"这句话最早是由巴塞罗那俱乐部前主席卡雷拉斯提出的。卡雷拉斯崇尚民主与自由，以及加泰罗尼亚民族思想。1968年他成为俱乐部主席，在法律的要求下，他被强制用西班牙语而不是加泰罗尼亚语发表就职演说。在演说过程中，他表示"巴塞罗那包含的意义超过一家足球俱乐部"，暗示了自己对加泰罗尼亚这一身份的认同，随后这句话也成了俱乐部标志性的名言。直到今天，巴塞罗那依然以实际行动践行这一口号，包括将最重要的球衣胸前广告无偿赠予联合国儿童基金会、参与各项慈善事业等。

梅西的个人荣誉被展出

巴塞罗那获得的奖杯展示

不仅仅是一家俱乐部

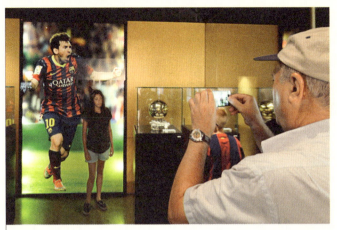

在球场北部，有一座不起眼的小楼，稍不注意就会错过，但对巴塞罗那的球迷来说，这里是必去的朝圣地之一。这座建筑就是巴塞罗那拉玛西亚（La Masia）青年训练营旧址。

一代代青年才俊在这里接受训练，从而走向更大舞台，其中就包括梅西、哈维、伊涅斯塔等。在拉玛西亚训练营这个家庭般的氛围中，小球员不仅接受足球技术上的培训，还要进行文化学习，同时还能获得有针对性的指导，以克服遇到的各种困难。

说到拉玛西亚青训营，不得不提荷兰人约翰·克鲁伊夫。1973年，克鲁伊夫从荷兰阿贾克斯俱乐部转会至巴塞罗那，并一直效力到1978年。退役之后，克鲁伊夫成为教练，在1988年回到巴塞罗那执教。他不仅给巴塞罗那带来了冠军，也将阿贾克斯的青训理念移植到这里，建立了拉玛西亚青训营，源源不断地为俱乐部培养人才。

在巴塞罗那执教的克鲁伊夫

诺坎普球场以西5公里处是以胡安·甘伯的名字命名的甘伯体育城（Ciutat Esportiva Joan Gamper），它也是球队设施的重要组成部分。早在20世纪80年代末，巴塞罗那前主席努涅斯就买下了甘伯体育城所在区域的土地，但体育城直到2006年才修建完成。如果在诺坎普看一场比赛还不过瘾，可以来这里观看球员训练，幸运的话还能在训练结束后得到球员的签名。拉玛西亚青年训练营的新址也设在这里，包括住宿、学习、训练和生活区域。小球员在这里可以得到全方面的培训，有机会和球队主力球员近距离接触，下一个球星也许就会从他们当中产生。

FUTBOL CLUB BARCELONA
Residència La Masia

J. ALFARO
'Juanito'

J. ARJONA
'Juan'

G. AUTET
'Gerard'

H. BABANGIDA
'Baba'

M. A. BELTRÁN
'Beltrán'

J. BERMÚDEZ
'Jose'

V. CORTÉS
'Cortés'

P. DEL CURA
'Pablo'

J. ESTEVE
'Esteve'

G. GARCÍA
'Gabri'

A. INIESTA
'Andrés'

A. JORQUERA
'Albert'

F. LÓPEZ
'Schuster'

I. MARTÍN
'Nacho'

J. MATEU
'Jofre'

J. M. MENA
'Kuqui'

A. MORAGUES
'Alex'

M. PEREIRO
'Moisés'

C. PUYOL
'Carlos'

J. M. REINA
'Reina'

M. ROSAS
'Mario'

E. RUIZ
'Emilio'

F. J. RUIZ
'Javi'

F. SÁNCHEZ
'Curro'

J. SÁNCHEZ
'Jesúls'

O. SANJUAN
'Oscar'

S. SANTAMARÍA
'Sergio'

L. SIERCO
'Sierco'

A. SIRIA
'Siria'

R. TRASHORRAS
'Trashorras'

J. TROITEIRO
'Troiteiro'

V. VALDÉS
'Victor'

F. J. VILLAR
'Javi'

利昂内尔·梅西
（Lionel Messi）

谁人不知梅西之名，梅西在足球场上几乎无所不能，盘带、过人、射门样样精通。他在巴塞罗那拿到了4次欧冠冠军和10个西甲联赛冠军，本人更是7次拿到足球运动员的个人最高荣誉金球奖，提到足球运动员，许多人第一个想到的就是他。

梅西的身材不高，非常灵活，很少有后卫能跟上他的脚步，对手的整条后防线都经常被他耍得团团转。梅西曾在一场比赛中从后场一路狂奔连过五人之后射门得分，这个进球一直被拿来和球王马拉多纳的那个"世纪进球"相提并论。

梅西在足球生涯的早期也曾受困于身高，年幼的梅西曾被诊断为生长激素匮乏，这几乎断送了他的足球梦，许多俱乐部不愿为他提供试训的机会。不过，梅西的天赋被巴塞罗那一线队的主管雷克萨奇相中，为了稳住正为孩子前途万分焦急的梅西父亲，雷克萨奇在两人见面餐馆内的一张餐巾纸上草拟了一份合同，最终成功地将梅西"拐"到了巴塞罗那。考虑到梅西所取得的成就，这可能是足球界最成功的空手套白狼案例了。

佩德里年少成名。2021年夏天，不满19岁的他代表西班牙国家队参加了欧洲杯，在球队参加的6场比赛中全部首发，最终凭借出色的表现入选了欧足联公布的欧洲杯最佳阵容。欧洲杯结束后，他又马不停蹄前往东京，代表西班牙国奥队参加东京奥运会的男足比赛。他同样在球队参加的6场比赛中全部首发，并且最终获得了银牌。

2020年夏天，佩德里正式从拉斯帕尔马斯俱乐部加盟巴塞罗那俱乐部。2020-21赛季，他代表巴塞罗那在各项比赛中出场52次，其中40次首发，获得了4个进球与6次助攻的数据。2021年底，他同时获得了意大利《都灵体育报》创办的金童奖与《法国足球》创办的科帕奖两个奖项，这两个奖项的评选对象都是欧洲俱乐部21岁以下的年轻球员。凭借在国家队和俱乐部的出色表现，他也成为这一代年轻球员的榜样。

猪头与小黑猫

在诺坎普球场，不仅有精彩的进球，场边也有许多故事时常被球迷提起。

巴塞罗那和皇家马德里作为西班牙两支最成功的球队，一直视对方为"死敌"，两队之间的比赛也被称为西班牙国家德比，是全世界关注度最高的足球比赛之一。

葡萄牙球星路易斯·菲戈曾于1995年至2000年在巴塞罗那效力。作为巴塞罗那的队长，他深受球迷的爱戴。但是2000年夏天，他突然决定转会至"死敌"皇家马德里，超过5000万美元的转会费也创造了当时的世界纪录。

2002年，菲戈代表皇马回到诺坎普参加比赛时，现场的巴塞罗那球迷自然不会轻易放过他。当菲戈准备在角球区罚角球时，球迷不仅报以嘘声，还纷纷将矿泉水瓶、打火机、啤酒瓶等杂物扔向他，更过分的是杂物中竟然还有一个猪头。虽然裁判呼吁球迷保持冷静，但无济于事，比赛也因此中断了十几分钟。

"爱有多深，恨有多深"，巴塞罗那的球迷用自己的方式表达愤怒，他们认为菲戈代表皇马参赛是对自己的背叛，"猪头"也成了菲戈职业生涯的关键词之一。2004年，德国足协在埃森举办的展览"足球场内的疯狂景象"（Kultort Stadion）中还展出了这只猪头。

罚角球区域杂物遍地，就包括那只"著名"的猪头

除了大名鼎鼎的巴塞罗那俱乐部，这座城市还有另一家俱乐部——西班牙人足球俱乐部（RCD Espanyol），因为中国当时唯一的留洋球员，"全村儿的希望"武磊曾在这里效力而受到了国内球迷的广泛关注。

虽然"加泰罗尼亚德比"不如西班牙国家德比那样吸引全世界的目光，但其激烈程度一点也不逊色，在2020年的加泰德比中，武磊更是在主场比赛的最后时刻打入了扳平比分的进球，可以说是载入中国足球史册了。

足球场上不仅只有剑拔弩张的激烈时刻。2014年西甲第一轮巴塞罗那在诺坎普迎战埃尔切，比赛刚刚开始不久，一只小黑猫突然闯入球场，它几乎拥有场上球员一般的矫健身姿，在场上跑位飘忽不定，逗留了将近2分钟，让比赛一度暂停。球场上的球员一时手足无措，场外的观众倒是看得津津有味，这也给紧张的比赛带来了一丝轻松的气息。最后在工作人员的围追堵截之下，小黑猫被抱出了场外，比赛得以继续进行。据当地媒体报道，小黑猫已在诺坎普球场住了好几年，闯入球场的也不止这一只。其实在2012年就曾经有一只黑猫闯入球场，只不过那只身手不够矫健，在场上没待多久就被请出。

观众席上的球迷们

伟大的球场同样少不了经典的比赛

2016-17赛季欧洲冠军联赛1/8决赛与巴黎圣日耳曼的对决中，巴塞罗那首回合在客场0∶4输给了对手。在第二回合，巴塞罗那回到主场诺坎普，面对巨大的劣势他们没有被压垮，而是在比赛结束前10分钟内连进3球，最终以6∶1战胜了巴黎圣日耳曼，从而以总比分6∶5淘汰对手，晋级下一轮。这场荡气回肠的比赛也被称为"诺坎普奇迹"，尽管已过去多年依然让球迷津津乐道。

获胜后，忘情庆祝的梅西和内马尔。那个赛季结束后两人便分道扬镳，令人唏嘘不已

赛季 **2016-17** 欧洲冠军联赛 1/8 决赛

6 ∶ 5

巴塞罗那 晋级下一轮 **VS** **巴黎圣日耳曼** 淘汰

首回合 客场

第二回合 诺坎普

比赛结束前 10分钟内连进

"诺坎普奇迹"

　　巴塞罗那在2021-22赛季并非一帆风顺。在赛季初，他们一度滑落到联赛第九名，甚至有球迷自嘲自家球队是"保级队"。好在随着名宿哈维回归球队执教，球队的成绩也在稳步提升。虽然他们在这个赛季并没有获得重要的冠军，但是他们最终获得了联赛第二名，顺利拿到了2022-23赛季欧冠的资格。经过一个夏天的休整，相信巴塞罗那在新赛季已经有了更高的目标。

参观球场

如果想参观博物馆和球场，可在官网fcbarcelona.com/en/tickets/camp-nou-experience 购票，参观球场时还有机会进入球员更衣室，并在球场边的替补席拍照留念。在fcbarcelona.com/en/tickets/football可购买比赛门票，非热门比赛的球票一般比较容易买到，热门比赛就要靠运气了。

球场正门外就是球迷用品商店，有地上两层、地下一层，售卖琳琅满目的周边商品。值得注意的是，这里还开辟了一块区域，专门售卖与克鲁伊夫有关的商品，如印有克鲁伊夫名言 "Salid Y Disfrutad"（出去享受比赛吧）的T恤衫。1991-92赛季的欧洲冠军联赛决赛，克鲁伊夫在赛前准备会上说的最后一句话就是 "salid y disfrutad"，巴塞罗那也在那场比赛中战胜了对手，第一次获得欧洲冠军联赛的冠军。

周边餐饮和住宿

诺坎普球场位于巴塞罗那市中心以西、对角线大道（Av. Diagonal）旁的繁华区域，周边住宿餐饮选择丰富。球场内外也有俱乐部自己的餐厅和酒吧，在In Tour Bar就餐可以俯瞰球场，在Estrella Damm Hall可以品尝国际风味。就在不久前，一家新的俱乐部主题酒吧**Barça Cafe**在球场旁边开业，在这里你可以品尝到球员们各自最喜爱的菜品，如梅西最爱的烟熏三文鱼配土豆和西葫芦。

Estrella Damm Hall 餐厅

周边景点

诺坎普球场虽然离著名景点较远，但球场附近还是有值得一逛的地方。从球场出来，可以先去**拉玛西亚青训营旧址**（La Masia）。然后北行，就到了**佩德拉尔韦斯宫花园**（Palau de Pedralbes），园内有雕塑、喷泉和各种植物分布其间，其中还有高迪的作品。从花园继续往北，则是**佩德拉尔韦斯修道院**（Monestir de Pedralbes），里面的博物馆展示了修道院的生活，也是球场周边一处静谧之所。

拉玛西亚青训营旧址

佩德拉尔韦斯修道院

诺坎普周边

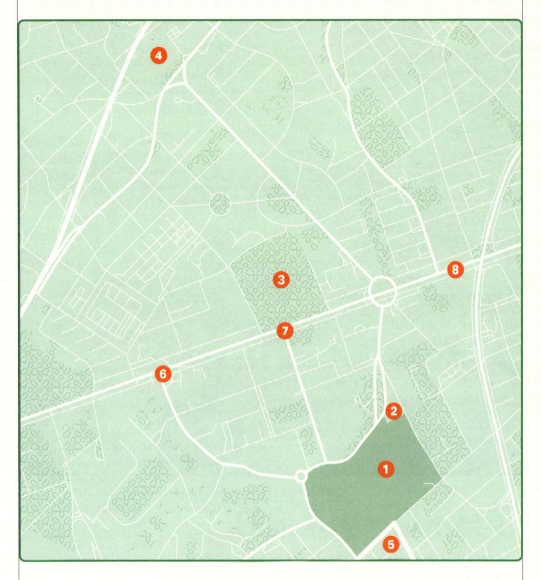

1. 诺坎普球场
2. 拉玛西亚青训营旧址
3. 佩德拉尔韦斯宫花园
4. 佩德拉尔韦斯修道院
5. Barça Cafe
6. Zona Universitaria 地铁站
7. Palau Reial 地铁站
8. Maria Cristina 地铁站

罗马不是一天建成的，
那罗马奥林匹克体育场呢？

©Marco Pomella-Pixabay

位置：
Viale dei Gladiatori,
00135 Roma RM, Italy

容量：

70,634

　　大多数稍有规模的球队都会有一座属于自己的主场，更遑论处于食物链顶端的各大豪门了。不过在意大利事情却是另一个样子，由于意大利的大部分体育场都是由市政府所有，即便是举世闻名的百年豪门，也仍然要向市政府租用体育场。这产生了一个后果：如果一座城市碰巧有一对同城"死敌"，而符合它们要求的体育场却只有一座的话，那这两支球队就只能共用同一座体育场了。位于首都罗马的奥林匹克体育场（Stadio Olimpico）就是一个典型的例子。

一个球场和一座城市

1927年
开工建设

1932年
投入使用

1950年
继续建设

1960年
作为奥运
主体育场

罗马的奥运情结

罗马不是一天建成的,罗马奥林匹克体育场当然也一样。

20世纪20年代,当时的意大利法西斯政权制定了规模空前的罗马体育城计划,一座先进的综合性体育场就是这个计划的核心部分,这座体育场被命名为赛普拉斯体育场(Stadiodei Cipressi),由建筑师Enrico Del Debbio负责设计并于1927年开工建设。

1932年,体育场在第一层看台修建完工后便投入使用,而修建第二层看台的计划直到5年之后才得以实施。

按照计划,球场背后蒙特马里奥山的山坡也将成为看台的一部分,完工后的体育场容量将达到10万人之多。不过,不久之后,第二次世界大战就在欧洲打响,工程被迫中断,而伴随着法西斯政权的全面崩溃,这里也被盟军接管,在战争中被当作停车场使用。

1950年,体育场的建设工作得以继续,耗时3年完工,完工后的体育场达到了当初设想的10万人容量,于是也常被称作"十万人体育场"(Stadio dei Centomila)。

1955年,罗马获得了1960年第17届夏季奥运会的主办权,作为奥运会的主体育场,这座"十万人体育场"最终被命名为奥林匹克体育场并延续至今。

早在1904年,罗马便曾获得"奥运之父"顾拜旦的钦点成为1908年奥运会的主办城市,但因当时意大利频繁遭受地震等自然灾害的袭击,国家财政捉襟见肘,于是不得不放弃了奥运会的主办权。到了1935年,法西斯政权统治下的罗马试图申办1940年奥运会,但因国家战事吃紧而最终转为支持东京申办(这届奥运会最终并未举行)。事不过三,1960年,罗马城终于迎来了奥运会,了却了多年心愿。

早期的罗马奥林匹克体
育场

奥运会开幕式时的罗马
奥林匹克体育场

1990年

世界杯

1989年，正在进行翻新改造的罗马奥林匹克体育场

奥运会结束后，罗马奥林匹克体育场还举办了许多其他大型体育赛事，包括1975年世界大学生运动会、1987年世界田径锦标赛等。之后，为了迎接1990年意大利世界杯，体育场启动了庞大的翻新改造计划。设计方案一改再改，最终，体育场的大部分区域被直接拆除重建，并在重建后的看台上方安装了巨大的遮雨棚。

改造完成后体育场容量为82,911人，是意大利第二大的体育场，这里成功举办了那届世界杯中的6场比赛，包括意大利队参加的全部5场比赛以及最后的决赛。

现在的样子

现在的罗马奥林匹克体育场基本延续了1990年改造后的样子（体育场在2007年经历过一次小改造，增加了一些电子设备并翻新了部分座椅，容量也有所下降），得益于较为宽敞的看台设计，巨大的体育场显得并不突兀，反而完美地与周围环境融为一体。

体育场的东侧，台伯河（Tiber）的河水缓缓流过，西侧则是可以俯瞰罗马城的蒙特马里奥山（Monte Mario），因此体育场这两侧的看台也分别被命名为"台伯看台"和"蒙特马里奥看台"。群山环抱之中，纯白色的体育场顶棚显得优雅而大气，景色开阔而震撼。

依山傍水的罗马奥林匹克体育场

2021年，因疫情推迟一年的2020欧洲杯（Euro2020）揭幕战在这座球场举行，最终意大利队在主场3∶0战胜土耳其队，迎来开门红，为他们最终的夺冠奠定了良好基础。

©UEFA

球迷不用看

欧洲足球锦标赛，更多地被称为"欧洲杯"，是由欧足联（UEFA）举办的最高级别的欧洲国家间足球赛事，与世界杯足球赛同为4年举行一次（通常与夏季奥运会在同一年）。

欧洲是现代足球的发源地，是世界足球运动发展水平最高的地区，足球运动在欧洲各国都有着非常强大的群众基础，也正因如此，无论大国还是小国，其国家队的竞技水平都不容小觑，也因此有"欧洲无弱旅"之说。

在许多球迷心中，相较于全世界各个大洲的球队都可以参加的世界杯，欧洲杯的精彩程度更高，比赛更具观赏性。

罗马奥林匹克体育场的所有权归属于意大利奥委会，除去奥运会，这里也会举办橄榄球六国锦标赛和国际田联黄金联赛（现为钻石联赛）等体育赛事，以及演唱会等其他大型活动，不过与以上这些活动相比，大部分人之所以熟知这座体育场，都是因为这里是罗马城里两支最著名的足球俱乐部——罗马足球俱乐部（A.S.Roma）和拉齐奥足球俱乐部（S.S.Lazio）共同的主场。

在罗马奥林匹克体育场
举行的欧洲杯开幕式

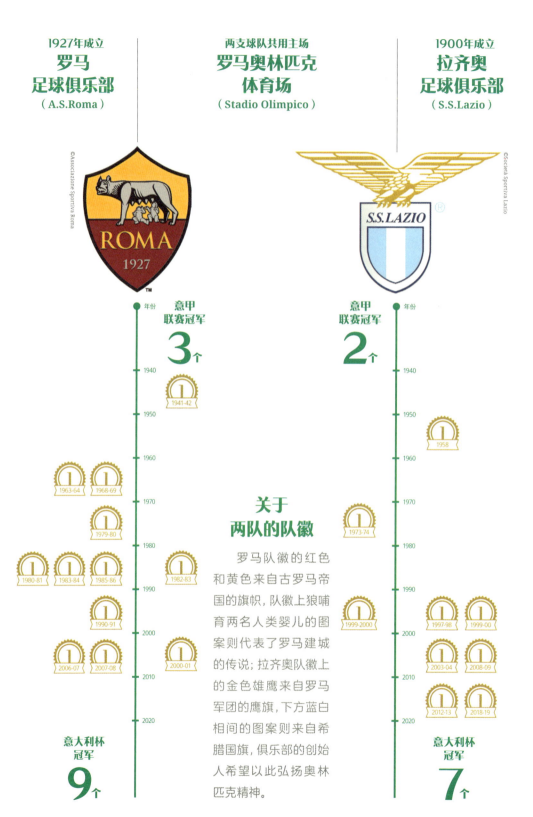

1927年成立
**罗马
足球俱乐部**
（A.S.Roma）

©Associazione Sportiva Roma

两支球队共用主场
**罗马奥林匹克
体育场**
（Stadio Olimpico）

1900年成立
**拉齐奥
足球俱乐部**
（S.S.Lazio）

©Società Sportiva Lazio

S.S.LAZIO®

意甲
联赛冠军

3个

年份

1941-42

1963-64　1968-69

1979-80

1980-81　1983-84　1985-86

1982-83

1990-91

2006-07　2007-08

2000-01

**关于
两队的队徽**

罗马队徽的红色
和黄色来自古罗马帝
国的旗帜，队徽上狼哺
育两名人类婴儿的图
案则代表了罗马建城
的传说；拉齐奥队徽上
的金色雄鹰来自罗马
军团的鹰旗，下方蓝白
相间的图案则来自希
腊国旗，俱乐部的创始
人希望以此弘扬奥林
匹克精神。

意甲
联赛冠军

2个

年份

1958

1973-74

1997-98　1999-00

1999-2000

2003-04　2008-09

2012-13　2018-19

意大利杯
冠军

9个

意大利杯
冠军

7个

命运纠缠的红狼和蓝鹰

罗马和拉齐奥皆是在欧洲乃至世界范围内享有盛誉的足球俱乐部，是意大利足球甲级联赛（Serie A）的中坚力量。两支球队之间的比赛被称作"罗马德比"，总是充满火药味，同时又非常精彩。

作为同城对手，两队间的关系相当恶劣，但即便如此他们还是要使用同一座体育场作为主场进行比赛，可以说是非常有（qióng）趣（kǔ）了。

拉齐奥足球俱乐部成立于1900年，成立之初是一家田径俱乐部，直到1907年才开始参加足球比赛，其后几经沉浮，终于在1929年获得了意甲联赛的参赛资格。

罗马足球俱乐部则成立于1927年，当时，包括拉齐奥在内，罗马城里共有4支足球俱乐部。法西斯政权希望将这球队合并，这一提议遭到了拉齐奥方面的强烈反对，最终，其他3支球队合并成立了罗马足球俱乐部，而这也成为拉齐奥和罗马两支球队之间矛盾的开端。

球迷不用看

意大利足球甲级联赛（意甲联赛）是意大利最高级别的职业足球联赛，共有20支球队参加，采取主客场双循环制，每个赛季结束时，排名靠后的3支球队会降入次一级的乙级联赛。意甲球队多以防守见长，辅以犀利的反击，比赛总是紧张刺激，充满悬念。20世纪末的意甲联赛曾经非常辉煌，球星云集，人才辈出，各路豪强你方唱罢我登场，人称"小世界杯"。由于"球队"一词在意大利语中是阴性词，彼时领头的7支球队于是又被颇具诗意的称作"七姐妹"。

与"死敌"共用球场

1953年，罗马奥林匹克球场建成，两支球队都将主场定在了这里。

随之而来的便是看台分配的问题，由于管理的无序，两队球迷之间经常发生冲突。20世纪60年代，罗马球迷建立了极端的球迷组织"南看台"，他们成立纠察队，在德比时逐一找出体育场南看台中的拉齐奥球迷，并驱赶他们，这迫使拉齐奥球迷向球场的北看台聚集，球迷南北对峙的局面持续到了今天。

南看台的罗马球迷

1979年的罗马德比，拉齐奥球迷Vincenzo Paparelli被一枚从罗马球迷看台射出的照明弹击中头部，不幸身亡，这是意大利足球比赛中第一次发生致人死亡的球迷冲突。

相对来说，罗马的知名度更高，战绩也更为优秀，球队在1941-42赛季便首次拿到意甲联赛的冠军，在欧洲冠军联赛等国际俱乐部赛事中也经常能创造出好成绩。

拉齐奥的辉煌则主要集中在20世纪末的意甲"七姐妹"时期。

1992年，食品公司CIRIO收购了球队，之后便以破纪录的价格引进了包括贝隆、维埃里和克雷斯波在内的许多顶级球星，球队的战绩也随之不断提高，其后数年间，向联赛冠军发起了多次冲击，终于在1999-20赛季问鼎意甲联赛和意大利杯，达成了"双冠王"的伟业。

北看台的拉齐奥球迷

不过在那之后，球队由盛转衰，母公司CIRIO深陷财务丑闻，不得不抛售球队。因为引进球员积压了庞大的债务，迫使球队将一众核心球员出售给联赛的竞争对手，球队的成绩因此一落千丈，令人唏嘘不已。

时光飞逝，如今的两支球队仍旧是意甲联赛的中坚力量，不断奉献着精彩绝伦的对决。不过，与"死敌"共用同一座球场大大限制了球队的发展，两支球队都已开始酝酿修建自己的球场（不过，鉴于两队的财务状况，新球场的计划暂时都还停留在纸面上），也许我们能在罗马奥林匹克体育场看到两支球队比赛的机会要越来越少了，抓紧时间，能来速来！

谢尔盖·米林科维奇-萨维奇
（ Sergej Milinković-Savić ）

塞尔维亚国脚，塞尔维亚国家队和拉齐奥俱乐部共同的中场核心。米林科维奇1.92米的身高在中场球员中可谓是鹤立鸡群，强壮的体格使得他拥有许多中场球员所没有的对抗能力，同时他还有细腻的脚下技术，足可媲美灵巧型中场球员，中场的拦截和组织工作，他一人就可全部胜任。

　　米林科维奇的身价在拉齐奥俱乐部内也可以说是鹤立鸡群了。不过，可能是因为俱乐部方面"不到一个亿免谈"的狮子大开口吓跑了好多人，米林科维奇至今都没有和哪家豪门传出过"绯闻"，不过球员本人似乎对豪门也并不太感冒，能成为拉齐奥传奇也挺好。

　　米林科维奇有塞尔维亚和西班牙双重国籍，这在欧洲很常见，对此国际足联的规定是：一旦你代表其中一个国家队登场比赛，就不能再加入另一个国家队。

弗朗西斯科·托蒂
（Francesco Totti）

托蒂是曾经的意大利国家队前场核心和罗马足球俱乐部队长，是许多人心目中最伟大的意大利前锋之一，射门技巧和传球视野均非常出色（同时，外形也颇为俊朗），有"罗马王子"的绰号。

托蒂年少成名，17岁就代表罗马一线队参加比赛，25年的职业足球生涯全部奉献给了罗马。作为前锋他技术精湛，职业生涯共打进307球，其中联赛进球250个，高居意甲历史射手榜第二位。作为队长他勇于担当，多次在困境中撑起球队。到2017年宣布退役之时，托蒂已经成为罗马队乃至整座罗马城的旗帜。

托蒂在退役后随即加入罗马队的管理层，继续为球队贡献力量，不过因为一些原因，2019年托蒂宣布退出，结束了与罗马近30年的缘分，让人感叹世事之无常。

参观奥林匹克体育场

罗马奥林匹克体育场坐落在罗马城的北部。体育场与周边的国家网球场、游泳场等其他运动场一起组成了著名的意大利广场体育中心（Foro Italico），是罗马乃至意大利的体育运动核心区之一。

不过，这里的交通并不算太便利，最近的地铁站（罗马地铁A线Ottaviano站）距离这里也有2.7公里，从地铁站去体育场还需换乘公交车32路至法尔内西纳广场站（Piazzale Della Farnesina）才可到达。另一条路线是乘坐地铁A线至Flaminio站，换乘2路有轨电车到Mancini广场下车。当然，如果对自己的体力有自信，也可以考虑直接从地铁站步行前往，顺便领略一下罗马城的风光。

想要观看比赛的话，可以在购票网站（如ticketone.it）、票务中介或球队的官方网站上购买球票。比较可惜的是，体育场内并没有属于两家俱乐部的陈列馆或球迷商店等设施，想要购买球队相关的各种商品，可以去罗马市内的球队官方商店，地址可参考asroma.com/en/store/store-locations（罗马）和sslazio.it/en/marketing/official-store（拉齐奥）。在官方球迷商店也可以买到比赛门票。

现场观看比赛禁止携带水杯和相机，当然如果你自认口才足够好也可以尝试说服保安放行。拉齐奥的主场比赛开场前还会有释放雄鹰的暖场活动，不要错过了（当然，罗马的主场比赛开场前并不会现场释放野狼，大可放心）。

翱翔在球场上空的雄鹰

周边餐饮及购物

罗马是美食的天堂，数不清的意式美食绝对能让你大快朵颐。

体育场东边米尔维奥大桥（Ponte Milvio）旁有许多饭馆，糕点店Bar Pompi出售罗马城最著名的提拉米苏，IL Gianfornaio则能买到各式风味小吃。

如果想要更正式一点的餐食，可以去Pallotta坐坐，那里提供传统的意大利面和比萨，餐厅在当地颇为出名，去之前可能需要预约。

同样的，罗马城也能满足你在购物方面的全部需求，数不清的小店就隐藏在街角。值得一提的是米尔维奥桥古董市集（Ponte Milvio Antiquariato），每月的前两个周日，各式各样的书籍、古董和艺术品会摆满这里的200多个摊位，让人大开眼界。

古董市集上的部分商品

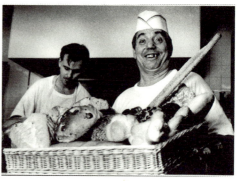

IL Gianfornaio 的大厨

周边景点

罗马奥林匹克体育场位于罗马城的北部，这里距离斗兽场和万神殿等罗马传统景点较远，不过附近仍然有许多有意思的地方。

意大利广场内的体育场馆大多有大理石打造的看台，颇具古典气息。

体育中心东端是**大理石体育场**（Stadio dei Marmi），这里的看台四周矗立着60座大理石人像，由来自意大利全境的能工巧匠亲手打造，展示了60种体育运动的形态，给人一种身处古希腊奥运会赛场的错觉。

体育中心西侧还有一条"体坛名人大道"，100位意大利著名体育人的名字被刻在这里的地砖上，供人敬仰。

体育中心东边的台伯河上，能看到著名的**米尔维奥大桥**，这座古老的石造大桥修建于遥远的罗马帝国时期，帝国最后的明主君士坦丁一世曾在这里战胜马克森提乌斯，为自己登上大位铺平了道路。

从这里跨过台伯河一路向南，**意大利国立21世纪美术馆**（MAXXI - Museo nazionaledelle arti del XXI secolo）就会出现在街角，这座现代艺术博物馆由扎哈·哈迪德（Zaha Hadid）的团队设计，其建筑本身就称得上是一件艺术品了。

如果不喜欢嘈杂的街巷，攀登体育场身后的蒙特马里奥山，参观山上的**罗马天文台**也是个不错的选择。

大理石体育场

罗马奥林匹克体育场周边

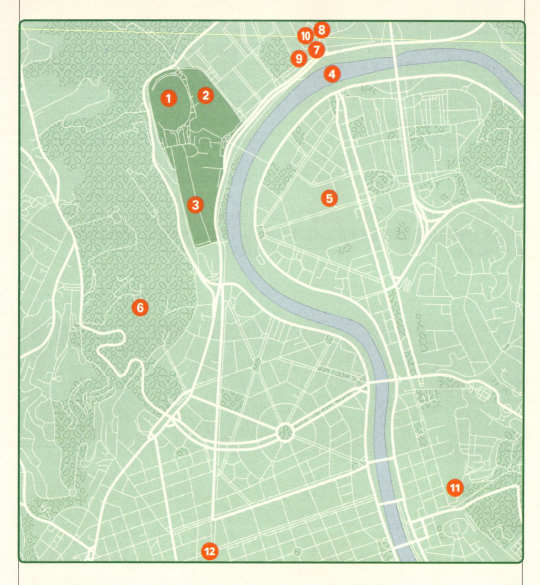

1. 罗马奥林匹克体育场
2. 大理石体育场
3. 体坛名人大道
4. 米尔维奥大桥
5. 国立21世纪美术馆
6. 罗马天文台
7. 米尔维奥桥古董市集
8. Bar Pompi
9. IL Gianfornaio
10. Pallotta
11. Flaminio地铁站
12. Ottaviano地铁站

米尔维奥大桥

国立 21 世纪美术馆

罗马天文台

　　来罗马旅行的人都不会错过台伯河的美妙风光，台伯河畔的这座有如被天鹅绒所覆盖的球场也向人们展现了罗马这座古老都市现代化的一面，球场中的火爆气氛也一定能让你对这座城市的历久弥新产生新的理解。

米兰双雄的"共享主场"，
叫圣西罗还是梅阿查？

其实怎么叫
都无所谓啦

位置:
Piazzale Angelo
Moratti, 20151 Milano
MI, Italy

容量:

80,018

　　作为意甲乃至全世界范围内最为著名的同城对手之一，米兰城的两家足球俱乐部——AC米兰（Associazione Calcio Milan）和国际米兰（Football Club Internazionale Milano）都是实力非凡的百年豪门，拥有着辉煌的历史和大批簇拥，两队合计获得欧冠冠军10个、顶级联赛冠军38个，其他荣誉更是数不胜数。而令人略感惊奇的是，如此强大的同城对手，时至今日却仍然要共用一座足球场作为主场。这座球场便是位于米兰西郊圣西罗区（San Siro）的朱塞佩·梅阿查体育场（Stadio Giuseppe Meazza）。

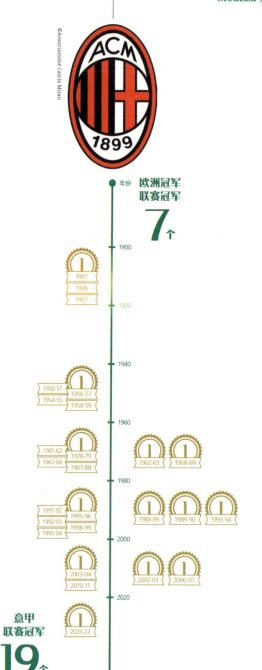

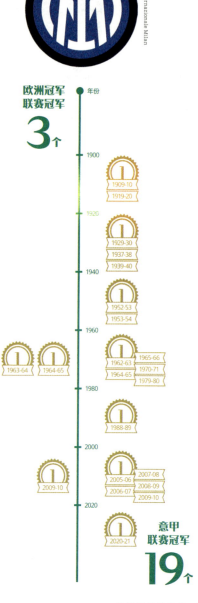

1899年成立
米兰
足球俱乐部
（A.C. Milan）

©Associazione Calcio Milan

两支球队共用主场
朱塞佩·梅阿查
体育场
（Stadio Giuseppe Meazza）

1908年成立
国际米兰
足球俱乐部
（F.C. Internazionale Milano）

©Football Club Internazionale Milan

年份

欧洲冠军联赛冠军

7个

欧洲冠军联赛冠军

3个

年份

1900

1901
1906
1907

1909-10
1919-20

1920

1929-30
1937-38
1939-40

1940

1950-51 1956-57
1954-55 1958-59

1952-53
1953-54

1960

1961-62 1978-79
1967-68 1987-88

1962-63 1968-69

1963-64 1964-65

1962-63 1965-66
1964-65 1970-71
1979-80

1980

1991-92 1995-96
1992-93 1998-99
1993-94

1988-89 1989-90 1993-94

1988-89

2000

2003-04
2010-11

2002-03 2006-07

2009-10

2005-06 2007-08
2006-07 2008-09
2009-10

2020

意甲联赛冠军

19个

2021-22

2020-21

意甲联赛冠军

19个

米兰双雄

　　AC米兰俱乐部创建于1899年，主要的创建者是几位旅居意大利的英国侨民。因为这层关系，球队在创立之初所选用的队名便是米兰的英文（Milan）而非意大利文（Milano）拼写，这一队名也沿用至今。名字虽然用英文写，但AC米兰毕竟还是一支意大利球队。1908年，因不满队内意大利球员掌控一切的现状，一部分瑞士和意大利球员决定脱离球队建立一家新俱乐部，为彰显俱乐部的国际视野和对外国球员的包容，球队被命名为"国际"（Internazionale），这也就是日后的国际米兰俱乐部。

　　创建之初，两支球队成绩都较为一般。相对来说，国际米兰的成功要来得更早一些，20世纪30年代，在传奇射手朱塞佩·梅阿查的带领下球队三夺意甲联赛冠军。之后"二战"爆发，两支球队都遭受到很大打击。进入50年代，这次是AC米兰率先找到了状态，来自瑞典的前场进攻组合进球如麻，球队在此期间5次夺得联赛冠军，更是在1963年首度问鼎欧冠。国际米兰这边也不遑多让，球队几乎统治了60年代中期的意大利乃至欧洲足坛，除了三夺联赛冠军，更是在1964年、1965年连夺欧冠冠军，这段时期也被称为国际米兰的"大国际"（Grande Inter）时期，至今仍为全世界的国米球迷津津乐道。

朱塞佩·梅阿查
（1910-1979）

　　辉煌过后，两支球队的状态都有所起伏，AC米兰更是因为卷入赌球丑闻而被罚降入乙级联赛。球队再次找到夺冠的感觉要等到西尔维奥·贝卢斯科尼（Silvio Berlusconi）入主球队之后了。

　　作为传媒大亨和后来的意大利总理，生性高调的贝卢斯科尼给AC米兰带来了很大改变，名不见经传的阿里

"蒙娜丽莎的微笑"
贝卢斯科尼版

戈·萨基（Arrigo Sacchi）被任命为球队主帅，后来被称为"荷兰三剑客"的路德·古利特（Ruud Gullit）、马尔科·范·巴斯滕（Marco van Basten）和弗兰克·里杰卡尔德（Frank Rijkaard）也在此期间加入球队。萨基将荷兰足球全攻全守的理念完美移植到这支意大利球队的身上，球队再次在联赛和欧冠比赛中表现出强大的统治力。差不多也是这个时期，国人第一次通过电视转播接触到了高水平的欧洲足球联赛，彼时如日中天的AC米兰也成了许多国人最早的主队。时至今日，AC米兰的球迷群体可能仍是国内最大的，球队的一举一动都牵动着无数老球迷的心。

萨基被认为是有史以来最伟大的足球教练之一，他在全攻全守的足球理念中融入了许多自己的思考，进而发展出"高位逼抢""快速反击"等全新的战术体系，包括瓜迪奥拉和克洛普在内的许多欧陆名帅都认为自己的战术思路深受萨基的影响，萨基治下的那支AC米兰也被许多人认为是有史以来最强大的足球俱乐部。不过，如此功勋卓著的主教练却并不会踢球，这给他的早期职业生涯也带来了一些影响，媒体普遍认为没有做过球员就成不了好教练，对此萨基回应道"我从未听说想要成为一个好的骑手需要先成为一匹马"，并用球队的战绩堵住了所有人的嘴。萨基还说过一句关于足球的名言："足球是你人生中最重要的无用之物。"

另一边，国际米兰也在不断地努力重塑辉煌，不过过程却没有邻居这么顺利。20世纪90年代是国际米兰最失意的一段时期，10年间他们没有拿过一个联赛冠军，几次大手笔转会也都算不得成功。直到新千年到来，球队才迎来厚积薄发的时刻：2006年到2010年，球队实现了联赛五连冠；2010年，球队更是在名帅穆里尼奥的带领下拿到了意甲联赛、意大利杯和欧冠的冠军，成为迄今唯一夺得过"三冠王"荣誉的意大利球队。

如此强大的一对同城对手,他们之间的德比战自然也是剑拔弩张、火爆异常,至今两队共交手233次(最近一次是在2022年9月的意甲联赛上),国际米兰以85胜、69平、79负的成绩略占上风。不过相比其他德比对手之间十足的火药味,米兰双雄之间的关系倒也算不上恶劣,两支球队之间的互动颇多,许多球员曾先后为两支球队效力,更有巴雷西兄弟分别代表国际米兰和AC米兰参加米兰德比的温馨场面。当然了,同城对手不想争个高下那是不可能的,米兰德比总是紧张刺激、大开大合,充满观赏性,许多名局至今仍经常被人提起。

两支球队的最近10年过得都不太如意,都因球员新老交替和球队财务危机而遭受了很大打击,夺得三冠王的国际米兰在之后的10年内再也没能拿到一个冠军,AC米兰更是连联赛前4名都难以企及——这使得这支曾7夺欧冠冠军的球队在长达10年的时间里远离了欧冠的舞台,米兰双雄变成了米兰双"熊"。2016年,掌管AC米兰超过30年的贝卢斯科尼决定退出,球队被出售给中国富商李勇鸿。差不多是在同一时间,国际米兰的"老爹"莫拉蒂也做出了类似的决定,一番操作之后,苏宁集团成为国际米兰的大股东。两支在国内享有盛誉的球队就这样与中国有了更深的缘分,不过李勇鸿对AC米兰的收购不算成功,一年之后他便因为财务违约将球队抵押给了债权人,至今球队仍然处于被托管的状态(最新消息是红鸟资本于 2022年8月31日完成了对AC米兰的收购)。

进入新世纪的第三个十年,米兰双雄终于又找回了一些状态,国际米兰在2020-21赛季时隔11年再度夺得意甲联赛冠军,AC米兰也在那之后的2021-22赛季重夺联赛冠军。期待这是又一次复兴的序曲吧。

"弟啊,刚你铲我那一下可够疼的啊!"
(设计台词)

还是看看远方的焰火吧

詹路易吉·唐纳鲁马
（Gianluigi Donnarumma）

意大利国门，AC米兰培养出的世界级门将。唐纳鲁马身材高大，臂展惊人，门线技术和选位意识都非常好，可以说是天生的好门将。年少成名的唐纳鲁马16岁便成为AC米兰的主力门将，这在世界范围内都堪称罕见。

　　作为处于低潮期的AC米兰多年以来唯一拿得出手的球员，他颇有一些自负，年仅17岁便狮子大开口一般地向俱乐部提出了600万欧元的年薪要求，并以离队相威胁，这一举动也让他遭到了许多球迷的抵制。

　　唐纳鲁马作为主力门将随意大利国家队一起拿到了2020年欧洲杯的冠军并被评为赛事的最佳球员，作为门将的能力获得了广泛认可。不过，由于意大利国家队并未打入2022年卡塔尔世界杯的决赛圈，这次大家也没法在世界杯的赛场上看到他。

罗梅卢·卢卡库
（Romelu Lukaku）

比利时国脚，曾效力于国际米兰的野兽型前锋，球风彪悍凶猛。因早年效力切尔西期间曾与著名的"魔兽"德罗巴同处一队且球风相近，卢卡库得到了"小魔兽"的绰号。

不过小魔兽彼时在切尔西并未得到重用，辗转多地之后才在埃弗顿打出名号，之后他以7500万英镑的身价转会曼联。在曼联，人们见证了他从"小魔兽"向"卢员外"的转变，身材发福后，动作变得迟缓，在曼联也渐渐得不到重用，最终离开并加盟国际米兰。

卢卡库在国际米兰再次踢出身价，进球如麻，几年后又被老东家切尔西以天价买走，完成了一次循环。不过卢卡库在切尔西过得不太如意，据说他又要被退回国际米兰，完成另一次循环了。

作为少数几个姓氏拼写和汉语拼音完全一致的外国球员，如果你碰巧需要默写某个著名球星名字的话，写他准没错。

圣西罗还是梅阿查？

1925年，当时的AC米兰俱乐部主席皮耶罗·皮雷利（Piero Pirelli）出资在圣西罗赛马场以南为自己的球队修建了一座专门的足球场。球场被设计成标准的英式足球场，也就是一片足球场加上四边各一座看台的形式，看台和球场间并没有修建跑道，这在当时的意大利是不常见的。一年后球场建成，建成时的容量是35,000人。

起初这里为AC米兰独有，1935年球场被米兰市政府买下，随后进行了第一次扩建，四座看台被连在一起，球场的容量也上升至55,000人。"二战"结束后的1947年，国际米兰将主场搬到了这里，两支球队共用同一座球场的历史就此开始。

成为两支球队的主场后，看台上的观众席自然又不够用了，于是在1955年，球场再次被扩建，这次扩建的规模更大，完全新建的二层看台让观众席的数量直接翻倍，达到了10万人之多，不过由于安全原因，最终球场的容量降到了85,000人。

1980年，为了纪念两支球队共同的名宿——前文提到的传奇球星朱塞佩·梅阿查，球场被命名为朱塞佩·梅阿查体育场（Stadio Giuseppe Meazza），这也成为球场的官方名称并延续至今。

话虽如此，作为米兰圣西罗区的标志，几十年的时间里，"圣西罗"这个名字早已深入人心，时至今日相当多的人在提到这座球场时，仍然会沿用圣西罗球场的名字。相对来说，可能是因为梅阿查本人的巅峰期是在国际米兰度过，国际米兰的球迷更愿意使用梅阿查球场这个名字，于是便出现了AC米兰比赛时球场被称为"圣西罗"、国际米兰比赛时球场被称为"梅阿查"的情况，弄错了的话可能还会遭到球迷的鄙视。不过，虽然球迷分得很清，俱乐部层面倒也没这么在意，国际米兰从主席

到球员都曾数次在正式场合使用圣西罗球场这个名字，毕竟名字只是代号而已，以及虽然这座球场的官方名字是梅阿查，可球场旁边地铁站的名字还是"圣西罗体育场"(San Siro Stadio)呢。

为了举办1990年世界杯，球场在20世纪80年代末迎来了第三次大规模扩建，增建了第三层看台的同时，还在看台上方修建了规模庞大的雨棚。支撑雨棚的巨大红色桁架也成为球场的标志之一。

虽说1990年世界杯的揭幕战就要在这里举行，扩建工程倒也进行得不慌不忙，也许是为了精益求精，球场的扩建工程直到世界杯开赛前一个月才宣告完工。

不过这倒也并没有对揭幕战的举行造成什么影响。开幕式上，来自米兰时尚界的模特，在绿茵场一侧搭起的T台上上演了华丽的时装表演，给全世界观众留下了深刻印象。

这之后球场没再进行过大规模的改造，毕竟球场的坐席数已经是全意大利最多。就如同其他共用球场的情况一样，两支球队的球迷也会聚集在球场一头的看台上，"站在自己的主队背后"与对面大唱对台戏：通常，AC米兰的球迷会聚集在南看台，而国际米兰球迷则占据北看台。狂热的球迷偶尔会做出一些不理智的举动，2004-05赛季的一场米兰德比中，AC米兰门将迪达在没有受到干扰的情况下突然倒地，通过回放人们震惊地看到：一枚从他身后北看台扔下的照明弹，准确命中了这名巴西门将的肩膀。最终迪达被送往医院接受烧伤治疗，比赛也被迫终止，国际米兰被判负。

由于和同城对手共用了同一座球场，米兰德比的主客场不管是对球队还是球迷都显得不是那么重要，毕竟不管主场还是客场，来看比赛的两队球迷都不会有太大变化。不过一旦到了欧洲赛场，情况就变得不一样了：因

为客场进球规则的存在，淘汰赛阶段的进球究竟发生在主场还是客场变得非常重要。而放眼全欧，能同时打进欧冠这种级别比赛的淘汰赛，同时又共用同一座球场的两支球队恐怕也就只有米兰双雄了。

于是事情就这样发生了，2002-03赛季的欧冠半决赛中，米兰双雄狭路相逢，两队只得通过抽签决定主客顺序，而最终两场比赛分别打成了0∶0和1∶1，AC米兰因为"客场"进球数优势而晋级并最终拿下了那届欧冠的冠军，国际米兰则以这样一种非常憋屈的方式被淘汰，一时也成为话题。

客场进球规则

球迷不用看

对于需要进行主客两场比赛以决定晋级球队的赛事，通常都有类似的规则，即一旦两场比赛的总比分打平，在客场比赛时攻入更多进球的球队可以晋级。这项规定的初衷是为了鼓励客队进攻以提高比赛的观赏性，毕竟客队打进的一球价值可能堪比两球。不过在实操过程中，这项规则反倒使得主场作战的球队踢得更加保守，毕竟主队丢掉一球的后果也堪比丢掉两球。多年来此规则一直争议不断，最终在2021年6月的欧足联会议上，官方决定取消欧洲赛事中的客场进球规则，想要晋级还是要努力比对手多进一球才行。

鉴于球场设施的老化以及米兰市政府收取的高额租金，米兰城的两支球队都希望能修建一座属于自己的球场，不过新球场的造价对两支球队都有些过高，于是一番考量之后，米兰双雄决定共同出资修建一座新球场继续共用——是的，即便要搬家了，两支球队也还是要在一起。不过圣西罗/梅阿查也不会就此退出观众的视野，2026年米兰冬奥会的开幕式已确定在这里举行，届时已建成超过百年的这座球场一定会留下更多精彩的瞬间。

参观球场和现场观赛

AC米兰和国际米兰在全世界范围内都拥有大量的拥趸，来圣西罗/梅阿查参观也是球迷们的心愿之一，球场方面自然也考虑到了这一点。位于球场看台下方的圣西罗博物馆（San Siro Museum）建于1996年，是意大利最早的足球博物馆之一，这里陈列有两队历史上著名球员的球衣和球队所获奖杯等展品，博物馆入口处还能看到球场的微缩模型。

除去参观博物馆，球场之旅还包括在专业讲解员的带领下参观球场更衣室和新闻发布会厅，以及在球场的草皮边留影等，全套参观流程的票价是成人30欧元，开放时间是每天10:00至18:00，如果当天有比赛，现场参观的开放时间也会调整，详情可发邮件至tour@sansirostadium.com咨询。

如果想要去现场观赛，则可在AC米兰或国际米兰俱乐部的官网购票页面预订球票，网址分别是singletickets.acmilan.com（AC米兰）和inter.it/en/biglietteria（国际米兰）。有多种价位的球票可供选择，包括价格不足10欧元的低价票。当然球场也提供高端的VIP包厢，其中行政包厢（executiveroom）1号和2号位于球场看台最前端，拥有近距离平视球场的绝佳视野，在这里一边观看比赛一边享用美味的意大利菜肴是非常惬意的，当然球票价格略高，一般会超过150欧元。

到达球场

前往圣西罗/梅阿查最便利的方法是先乘坐米兰地铁5号线至终点站**圣西罗体育场站**（San Siro Stadio），下车后再步行几分钟抵达体育场。也可搭乘米兰市内的有轨电车前往球场，有轨电车的停车站（**San Siro Stadio M5站**）比地铁站离球场更近，几乎就在球场大门前。除去公共交通，每到比赛日都有免费的摆渡巴士从米兰地铁1号线和5号线的换乘站所在的**Piazzale Lotto**附近将球迷接到球场，非常方便。同时，球场为自驾前来的球迷提供的停车位面积甚至超过了球场本身，可以说圣西罗/梅阿查球场在通达性上已经做得非常好了。顺便一说，AC米兰和国际米兰合资修建的新球场位置就在圣西罗球场的东侧隔壁，坐地铁前往的话只要提前一站下车即可，球迷可以不必改变自己的出行习惯。

博物馆中的奖杯墙

有轨电车穿行在米兰城的街巷中

圣西罗球场周边

1. 朱塞佩·梅阿查体育场

2. 圣西罗竞马场

3. 阿尔法·罗密欧工业遗产公园

4. 米兰之家

5. Monte Stella

6. CityLife城市公园

7. Piazzale Lotto

8. Baretto 1957

9. Canter 1920

10. Bouvette di Leonardo

11. B&B Hotel Milano San Siro

12. 圣西罗体育场地铁站

13. San Siro Stadio M5有轨电
车站

周边餐饮住宿及购物

意大利是美食的国度，球场周边也有许多意大利饭馆可供挑选，其中位于球场北侧围栏下方的 **Baretto 1957** 已在这里经营超过60年，菜品的口味自然也得到了球迷们的认可。如果想要品尝更精致的意大利美食，那么球场北侧不远处的 **Canter 1920** 可能会是一个不错的选择，这里的菜式种类繁多，你能想到的意大利佳肴大多都有，餐厅环境优雅，中庭还能举办婚礼等活动，不过价格略贵，大部分菜品都要几十欧元。如果你是素食主义者，那么位于球场东北方向的 **Bouvette di Leonardo** 能满足你的需求。

圣西罗附近的住宿选择很多，球场北侧的 **B&B Hotel Milano San Siro** 是欧洲著名的平价连锁酒店，酒店客房的价格较为实惠，同时硬件条件也不错。酒店楼下还有一家美式快餐店，吃腻了意大利菜的话也可以考虑来这里试试。

位于市郊的圣西罗球场周围并没有什么大型商场，取而代之的是隐藏在街头巷尾的各式小店，店内出售的多半都是各种日用品，非常有生活气息。如果想逛逛大商场，那可以考虑著名的 **CityLife城市公园**，这里是大型商场、写字楼和公园所组成的城市综合体，在米兰本地颇具人气，虽然它与圣西罗之间的距离超过3公里，但是乘坐地铁5号线前往也不过几站路而已，还算方便。圣西罗球场内有两家俱乐部专属的球迷商店，想要买点纪念品的话也不要忘了来这里逛逛。

CityLife

周边景点

位于米兰西郊的圣西罗区内有许多城市公园，堪称"米兰城的绿肺"，球场周边也有不少，如球场北边的Monte Stella、西侧的Aldo Aniasi公园和西南的Cave公园等，都是本地市民常去踏青的场所。除去这些公园，球场周边还有不少有意思的地方。

球场北侧不远处就是著名的**圣西罗竞马场**（Ippodromo Snai San Siro），在这座历史悠久的竞马场里你可以学习赛马常识，体验骑马乐趣，当然也可以观看竞马比赛。竞马场大门口的青铜赛马雕像《莱昂纳多之马》（*Il Cavallo di Leonardo*）由雕塑家Nina Akamu创作，是世界上最大的青铜赛马雕像之一，其造型灵感来自达·芬奇的手稿，是本地著名的网红打卡地。

从竞马场再往东北走，在**阿尔法·罗密欧工业遗产公园**（Parco Industria Alfa Romeo）内有名为"时间的螺旋"（Spirals of Time）的独特人造景观群。造景出自著名景观设计师Charles Jencks之手，公园内的长椅长达208米，据说是全世界最长的。

在公园东南侧的马路对面是AC米兰俱乐部于2014年修建的新总部**米兰之家**（Casa Milan），这里的历史陈列馆里展出AC米兰历史上所获得的大部分奖杯，也有球迷商店等配套设施，甚至有可能在这里和球队名宿偶遇，AC米兰的球迷千万不要错过。

莱昂纳多之马

阿尔法·罗密欧工业遗产公园

米兰之家

历经百年岁月，米兰西郊的圣西罗球场依然保持了先进和优雅，成为这座时尚之都众多别致风光中的一抹亮色，虽然她作为米兰双雄主场的时光已经可以看到尽头，但来这里朝圣仍旧是两队球迷的必修课。

频繁更换主场的意甲霸主和
他们的新球场——
尤文图斯大球场

位置：
Corso Gaetano Scirea,
50,10151 Torino TO,
Italy

容量：
41,507

　　主场对一个球队的重要性不言而喻，因此对于更换主场这件事，大部分球队的态度都非常谨慎，许多老牌强队百余年间也只是对旧球场修修补补而已，生怕换了主场就打破了球队的传承。不过，也有球队相对没那么在意这件事，其中较为著名的便是本篇的主角——来自都灵的意甲"班霸"尤文图斯（Juventus Football Club）了，球队在最近三十多年间共换了4座主场，这在世界范围内都可算是非常频繁的。

1897年成立
尤文图斯
足球俱乐部
（ Juventus F.C. ）

球队主场
尤文图斯
大球场
（ Juventus Stadium ）

欧洲冠军
联赛冠军
2个

©Juventus Football Club

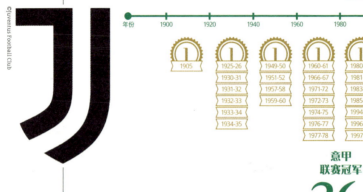

意甲
联赛冠军
36个

关于队徽

　　尤文图斯现在的队徽2020年才正式启用，相对于其他球队队徽复杂的设计，这个新队徽仅仅是从字母"J"抽象而来，黑白相间的条形图案代表了球队经典的黑白条纹队服，队徽外轮廓的盾牌形状则代表了俱乐部的传承。突破常规、不拘一格的队徽也象征这家百年豪门的不断突破、历久弥新。

1897年
建立

　　尤文图斯俱乐部的建立源自一群本地高中生对足球的热爱，这群高中生经常聚集在学校附近的广场上，尽情享受踢球的乐趣（学生们踢球时放课本用的长凳至今还保存在尤文图斯博物馆中）。久而久之，学生们便决定组建一支俱乐部，让一切更加规范。于是在1897年，俱乐部建成并最终定名尤文图斯，这个名字在拉丁语中是"青年人"的意思。

1905年
第一座意大利
顶级联赛冠军

©WIKIMEDIA COMMONS

　　球队在创立之初便表现出了高水平，在1905年拿到了自己的第一座意大利顶级联赛冠军。

1905年夺冠时的
尤文图斯队

球队发生内讧

不过球队的第一次重大危机也随之而来。因为部分球员对来自瑞士的主席阿尔弗雷德·迪克（Alfred Dick）行事方式怀有不满，球队发生内讧，最终迪克带领一群核心球员出走，并成为同城死敌都灵队的建队核心。尤文图斯的实力大受打击，在之后的20年间未能再次夺得联赛冠军。

1923年
被意大利名门
家族买下

1923年，球队被意大利名门阿涅利家族买下，热爱体育的家族长子爱德华多·阿涅利（Edoardo Agnelli）成为球队主席。背靠大树好乘凉，阿涅利家族为处于低潮期的尤文图斯提供了强大的支持，球队再度回到了冠军的轨道中。

爱德华多·阿涅利

1958年
第一颗金星

那之后球队虽然经历了主席意外身亡（1935年飞机失事）、"二战"等多重打击，但一直在意甲联赛中保持着较高的竞技水平，并在1958年拿到了自己的第10座意大利顶级联赛冠军奖杯，成功在球衣胸前绣上了一颗金星。

1982年
第二颗金星

手捧"大耳朵杯"的尤
文图斯前锋普拉蒂尼，
表情凝重

尤文图斯在欧洲赛场获得成功则要到20世纪70年代中期乔瓦尼·特拉帕托尼（Giovanni Trapattoni）成为主帅以后，球队在他执教的第一年就拿到了联盟杯（欧联杯的前身）冠军，更是在1985年首次夺得欧冠冠军，虽然那一年的欧冠决赛因海瑟尔惨案（参见第30页）而蒙上了一层阴影，但这座沉甸甸的奖杯对尤文图斯仍旧意义非凡。特拉帕托尼前后共在尤文图斯执教13年，是球队历任主帅中在位最久的，在他的带领下球队在联赛中也是一路高歌猛进，到1982年已经是第20次拿到意大利顶级联赛冠军，成功地在球衣胸前绣上了第二颗金星。

**意大利名帅
带领球队
再创辉煌**

那之后，随着老帅的离任和核心球员的退役，球队也不可避免地走入低谷。而带领球队再次在联赛和欧洲赛场创造辉煌的则是国内球迷非常熟悉的意大利名帅——"每一根银发里都藏着智慧"的马尔切洛·里皮（Marcello Lippi）。里皮共在尤文图斯执教8年，除了带领球队在世纪之交的几年内数次拿到国内联赛冠军之外，更是率队在1996年夺得队史第二个欧冠冠军，包括齐达内（Zinedine Zidane）、德尔·皮耶罗（Alessandro del Piero）和内德维德（Pavel Nedvěd）在内的许多优秀球员都在他的手下成长起来，一切都显得那么顺利。

2006年
电话门丑闻

那之后便发生了震惊世界的电话门丑闻。2006年，几段尤文图斯总经理通过威逼利诱要求意大利足协安排自己指定的裁判执法比赛的电话录音被曝光，人们（可能并不是特别惊奇地）发现，联赛中的假球现象早已存在多年，且涉及众多顶级强队。处在旋涡中心的尤文图斯受到了顶格处罚：球队被直接降入乙级并被罚9分，之前几个赛季的联赛冠军头衔也被剥夺。操纵比赛这件事许多人其实早有察觉，那段时间里发生了数起匪夷所思但影响巨大的越位误判，它们的受益方都是尤文图斯——现在人们终于知道为什么了。

球迷不用看

越位，可能是足球比赛中最复杂的规则之一，其核心目的仍旧是为了避免让足球比赛陷入无趣之中。试想，假设你安排一名前锋，他日常就站在对方球门前和门将唠嗑，然后本方一有球权就一个大脚传给他直接形成单刀，防守将变得非常被动，以至于防守方也将不得不安排一名后卫陪着他俩唠嗑，然后你再加一个前锋，对面再加一个后卫……比赛会因此变得非常没有观赏性。所以越位规则规定，在传球的瞬间，接球人和对方守门员之间的横向区域内必须要有一名对方防守球员才行，如果传球发生时传球的目标已经可以不受干扰地直面对方门将，则会被判越位，球权自动交给防守方。虽然说起来就这么几句，但具体执行过程中又会发生各种各样的情形，对此请把握一个要点：听裁判的。

陷入丑闻旋涡的球队
高层和主教练

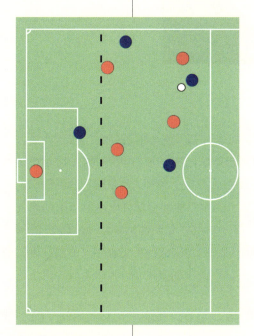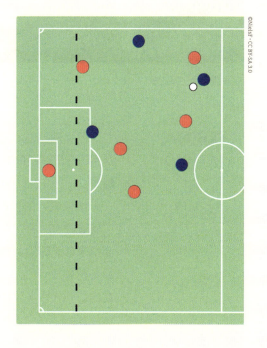

左图越位了, 右图没越
位, 注意上方红色球员
的位置

一年后
重回甲级

面对降级的巨大打击，许多著名球员选择了离开，不过也有包括布冯和德尔·皮耶罗在内的一众老将选择与球队共进退，在他们的护佑下球队在一年后便重回甲级，同时还收获了队史唯一一座意乙联赛冠军奖杯。

2019年
第三颗金星

归来的尤文图斯如化茧成蝶一般，从2011-12赛季到2019-20赛季实现了联赛九连冠，成为当之无愧的意甲霸主，球衣胸前也有了闪亮的第三颗金星。

球衣胸前的三颗金星

常用绰号
"斑马军团"
和
"老妇人"

尤文图斯有很多绰号，其中以"斑马军团"和"老妇人"最为常用。斑马军团的称呼源自球队经典的黑白间条球衣，比较容易理解，而老妇人（the Old Lady）这个绰号的由来则是众说纷纭。一个比较流行的说法是，"Lady"的部分源自球迷对球队的热爱"就像爱自己的女友一样"（"球队"是阴性词嘛），而"Old"的部分则来自于球迷的自我解嘲——尤文图斯不是青年人的意思嘛，那我们就要说你老，如果这个说法属实的话，那球迷们的想法还真的是……非常独特呢。

球队庆祝联赛夺冠

保罗·迪巴拉
（Paulo Dybala）

阿根廷国脚，司职前锋，是尤文图斯的进攻核心之一。迪巴拉拥有出色的脚下技术，动作敏捷，速度快，擅长发现和为队友创造机会。

　　迪巴拉非常勤奋，在场上总是不惜体力地奔跑，因此在防守端也总有精彩的表现。迪巴拉曾数次当选意甲年度最佳球员，为尤文图斯的九连冠立下了汗马功劳。因为名字中有"巴拉"二字，迪巴拉在国内球迷中又有了"小魔仙"的绰号（没错思路就是这么直接），这个绰号倒也和他灵动的身姿颇为搭调。

　　每当进球时，迪巴拉都会做出独特的"戴面具"式庆祝动作，据本人说这个庆祝动作中用手比画出来的面具"代表罗马斗兽场中角斗士的面具"，希望大家看到自己"也像角斗士一般战斗着"。

阿尔瓦罗·莫拉塔
（Álvaro Morata）

西班牙国脚，司职前锋，1.89
米的身高使得他成为禁区内
铁塔一般的存在，可以通过
高质量的头球创造机会，是
球队进攻的支点。

　　莫拉塔的外形高大英俊，曾多次为各路时尚杂志拍摄照片，不过相对而言，他把握射门机会的能力就没有这般美好了。作为前锋，莫拉塔曾经多次在重要比赛中将必进球直接踢飞，许多球迷也就此感叹，如果他的射术有他的长相那般出众，那他应该能在足球圈闯出更大的名堂吧。

　　可能也是因为这个原因，莫拉塔辗转各大豪门却从未真正获得核心的地位，目前也是从马德里竞技租借到尤文图斯效力。不过他在这里表现尚佳，也许这家意甲豪门会成为这名西班牙前锋最终的归宿呢（最新消息是：没有，他又回马德里竞技了）。

搬迁、翻新和重建

都灵奥林匹克体育场
（Stadio Olimpico Grande Torino）

尤文图斯大球场
（Juventus Stadium）

2006

2011

翻新

拆除重建

都灵市政体育场
（Stadio Municipale）

阿尔卑体育场
（Stadio delle Alpi）

都灵

尤文图斯

1933

1962

1990

　　尤文图斯在建队的早期就曾多次更换主场，其中有的主场甚至是由自行车赛车场改造而来，这些球场大多在20世纪早期便被拆除。

　　1933年，已经成为阿涅利家族旗下产业的尤文图斯终于搬至一座较为现代化的体育场：都灵市政体育场（Stadio Municipale）——当时这座体育场还叫贝尼托·墨索里尼市政体育场，后来还举办了1934年世界杯，其65,000个站立席位的容量是当时意大利最大的。"二战"后，体育场的名字也回归正常。1962年，尤文图斯的同城死敌——由那群因内讧而出走的核心球员参与建立的都灵足球俱乐部（Torino F.C.）也把主场搬到了这里（与同城死敌共享球场也算是意大利的传统了）。

　　两支球队共用使得体育场的设施也越发不堪重负，加之意大利获得了1990年世界杯的举办权，都灵市议会开始谋划对市政体育场进行翻新，不过由于体育场硬件条件不足等原因，翻新被认为非常不划算，在经过了一段时间的"意式扯皮"之后，市议会决定放弃翻新计划，另寻别处修建新体育场。两支在这里踢球的球队也决定一起搬走。

1922-1933年间尤文图斯曾使用的主场(Campo Juventus)

在市政体育场中进行的一场比赛

163

这座新体育场被修建在了都灵市西郊，最终定名为阿尔卑体育场（Stadio delle Alpi），1990年体育场落成，在世界杯的比赛结束之后，两支俱乐部也迎来了乔迁之喜，满怀希望地在新球场中开启了全新的征程。

理想很丰满，但是搬家后不久阿尔卑体育场的问题就暴露了出来，体育场位置偏远，交通不便，球场四周跑道拉远了球迷和足球场的距离，而广告牌的不合理设计则几乎完全遮挡了前排球迷的视野。所有这些问题叠加在一起，导致阿尔卑体育场进行足球比赛时的上座率非常惨淡，67,229个坐席大多数时候只能坐满三分之一，电视转播镜头中稀稀拉拉的人群给人一种意甲联赛快不行了的感觉。许多人说，在阿尔卑踢球就像是在客场打比赛。

对此，尤文图斯俱乐部在体育场建成后不久的1994年就向市政府提出了整修的要求，那之后，经过了长达8年的漫长谈判，都灵市议会终于在2002年决定将体育场及所在土地的所有权转让给尤文图斯（99年期限），这在意大利尚属首次。

2006年电话门事件爆发后，为了彰显重新开始的姿态，当然也是为了给处置阿尔卑体育场提供一个时间窗口，尤文图斯和都灵再次搬回了曾经的市政体育场，这时体育场已经为举办都灵冬奥会而进行了翻新（一开始不是说翻新不划算吗？），名字也变成了都灵奥林匹克体育场（Stadio Olimpico Grande Torino）。

翻新后的体育场设施先进了不少，容量却下降到了28,000人左右，仍旧不能让人满意。不过俱乐部方面倒也不太在乎，毕竟这里只是临时的，不久之后他们还是要搬走的。

而阿尔卑的命运则是被拆除。2008年，俱乐部官方公布了拆除阿尔卑并在原址新建一座专业足球场的计划，拆除工作于当年11月开始，次年6月结束，这座曾举

1990年意大利世界杯时的阿尔卑体育场

正在为举行冬奥会进行准备工作的都灵奥林匹克体育场

尤文图斯大球场外景

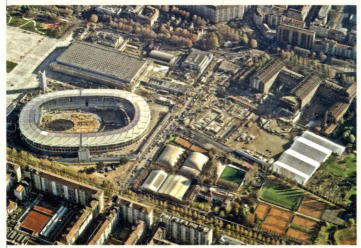

办过世界杯比赛的体育场在建成不到20年之后就迎来了旅途的终点。更讽刺的是，球场四周的那一圈跑道，自始至终也没有举办过什么大型田径赛事。

拆除完成后，新球场的建设工作随之展开，2011年9月新球场落成，尤文图斯随即将主场搬了回去，5年的借住生涯也到此结束。不过这次都灵队没有跟着一起走，而是选择留在了奥林匹克体育场，这对同城死敌终于不用再共用一座球场了。

新球场被命名为尤文图斯大球场（Juventus Stadium）——虽然在2017年被安联集团买下冠名权以后，这里的官方名字也改为安联球场（Allianz Stadium），但可能是为了和德国的那座安联球场相区分，大部分球迷提到这里时仍然会使用尤文图斯大球场这个名字。

新球场在设计和建造时使用了很多先进技术，提供了更加舒适的观赛环境，同时也更加节能环保。值得一提的是，拆解阿尔卑球场时得到的许多建材也在新球场的建设中重新得到利用。球场南北两侧看台外各耸立着一对用以支撑雨棚的巨大立柱，其造型也是源自曾经的阿尔卑球场，是尤文图斯大球场的标志之一。球场看台下方甚至还建有一座先进的综合性医院（J-Medical），2020年时医院还曾作为新冠疫苗接种中心使用。

尤文图斯大球场是意大利第一座属于球队（而不是市政府）的球场，球场的容量是41,000人左右，与其他大型球场相比略少，不过这个数字也相对务实，球场的上座率一直能维持在90%以上，满场球迷的呐喊助威能给对手带来巨大的压力。正是在来到这里之后，尤文图斯俱乐部开启了他们的联赛九连冠之旅。相信这次他们应该能在这里多待一段时间了吧。

参观球场

虽说尤文图斯其实在都灵市政体育场（即后来的都灵奥林匹克体育场）待的时间最久，前后超过60年，但提到去尤文图斯的主场参观，人们首先想到的仍是阿尔卑和后来的尤文图斯大球场，这可能是因为早年的都灵市政体育场太过老旧（未搬到阿尔卑之前，在进行欧冠之类比较重要的比赛时，尤文图斯甚至会租用米兰的圣西罗体育场作为主场，都灵市政体育场的状况可想而知）。而在终于拥有了属于自己的主场之后，俱乐部方面自然也为前来参观的球迷做了很多准备。

球场内有经过精心设计的尤文图斯博物馆（J-Museum），收藏有许多珍贵的展品以及著名球员的球衣、球鞋等，其中俱乐部奖杯墙的造型非常威武霸气：通体黑色的墙壁上摆放着数十座各式各样的奖杯，奖杯之间的屏幕上还会循环播放球队的捧杯瞬间，给人强烈的视觉冲击。博物馆的参观门票价格是成人15欧元。

而如果想要继续参观比赛场地和球员更衣室等球场内其他设施，则可以购买现场参观套票，价格是25欧元，博物馆和现场参观每周二不营业。如果想要去观看比赛，可以前往官网（juventus.com/it/biglietti）购票。你能买到5欧元的低价票，也可以预订豪华包厢，得到许多定制化服务，还可在观赛的同时享用美食，当然价格就别太在意了。

到达球场

尤文图斯大球场位于都灵西北，虽说距离市中心较远，但交通还算便利。每逢比赛日，会有摆渡车往返于**地铁Bernini站**和球场之间，是比较推荐的一种到达球场的方式。除此之外，也可乘坐公交62、72和75路到达球场南侧和北侧的公交车站后步行前往。都灵有轨电车9号线的**Stampalia Cap站**距离球场约1.2公里，乘坐电车前往球场也是一个不错的选择。

球场周边配套修建有十几座停车场，提供超过4000个车位，对自驾前来的球迷也非常友好。

相对来说，位于市区的都灵奥林匹克体育场交通会更方便一些，如果你想要来这里参观的话，可乘坐有轨电车10号线至**Sebastopoli站**，下车就是体育场大门口，不过这里现在是都灵队的地盘，尤文图斯球迷在参观时还请保持低调。

尤文图斯博物馆里的奖杯墙

都灵街头的有轨电车

周边购物及餐饮住宿

作为一座新建的体育场，尤文图斯大球场在规划之初就考虑到了球迷的餐饮、购物等需求，与球场同步建成的大型商业设施**12区购物中心**（Area12 Shopping Centre）与球场仅一墙之隔，这里有包括服装店、珠宝店、美容院和大型超市在内的各种商店，以及许多不同风格的餐厅，可以满足你的绝大部分购物和就餐需求，绝佳的位置使得看球和逛街可以无缝衔接，几乎所有参观球场的游客都会来这里逛逛。

球场以西的大片区域则是尤文图斯的总部和训练中心的所在地，加上一些其他的附属设施，整片区域被命名为**J Village**，来这里围观球队训练自然也是球场之旅的重要一环。J Village中还设有一家四星级酒店**J Hotel**，为前来参观的游客提供了许多便利。酒店有138间客房，部分客房还可以俯瞰球队的训练场，不过价格有一些贵。如果觉得J Hotel价格太贵，那么球场东侧马路对面的**B&B Cascina Barolo Torino Juventus Stadium**则要便宜不少，酒店位于一座非常具有意式风情的小楼里，内部设施虽有些老旧但很温馨。球场北边的马路对面还有一家麦当劳，实在不行也可以来这里填饱肚子。

周边景点

当初建在这里的体育场得名阿尔卑便是取了阿尔卑斯山的意思，毕竟从球场向西不远就是阿尔卑斯山的山脚了，都灵市郊的田园风光也是不可错过的景色。如果觉得漫无目的地闲逛太没意思，那位于阿尔卑斯山脚的**维纳利亚宫**（Reggia di Venaria Reale）可能是一个不错的目的地。作为萨伏伊王室居所（Casa Reale di Savoia）的一部分，维纳利亚宫在1997年入选了《世界遗产名录》，也是都灵的标志之一。相较于市区的都灵王宫（Palazzo Reale）等其他宫殿，位于山间的这座行宫规模更大，有华丽的大理石走廊和一眼望不到头的王室花园，非常气派。维纳利亚宫距离球场大约3公里，交通也还算便利，作为球场之行结束后的下一个目的地颇为合适。

球场外墙下环绕着一圈**尤文图斯名人步道**，如果不想走得太远，也别忘了前来和尤文图斯的名宿们合个影。

J village

风景优美的维纳利亚宫

尤文图斯大球场周边

1. 尤文图斯大球场

2. 维纳利亚宫

3. 尤文图斯名人步道

4. J Village

5. 12区购物中心

6. J Hotel

7. B&B Cascina Barolo Torino Juventus Stadium

8. Stampalia Cap有轨电车站

球场外墙下的名人步道

维纳利亚宫内华丽的走廊

沐浴在晚霞之中的
尤文图斯大球场

　　作为一座新建球场，尤文图斯大球场在设计和建造过程引入了许多先进理念，这便得参观球场的过程更加便捷和舒适，给前来参观的球迷提供了很大便利。虽说球场的历史并不悠久，但作为意大利最成功球队的主场，这里仍然是你都灵之旅不可错过的目标之一。

世界上的奇特足球场

哪怕条件再艰苦，踢球也不能耽误，场地么，
当然是没有条件创造条件也要上啦！
以下是一些努力创造条件的案例：

▲ 亨宁斯韦尔体育场（Henning-
svær Stadion），位于挪威北部的罗
弗敦群岛（Lofoten）。踢球累了的
话，就去钓个鱼吧。

▶ 漂浮足球场（The Float），位于著
名的新加坡帆船酒店对面，是世界最
大的水面足球场之一，旁边的看台可
以坐30,000人。

◀ 维多利亚竞技场（Victoria Stadium），
直布罗陀境内唯一的专业运动场，紧
邻机场跑道。飞机起降的时候应该就
不能进行比赛了吧？

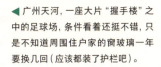
◀广州天河，一座大片"握手楼"之中的足球场，条件看着还挺不错，只是不知道周围住户家的窗玻璃一年要换几回（应该都装了护栏吧）。

▼奥特马尔·希斯菲尔德球场（Ottmar-Hitzfeld Arena），位于瑞士，海拔2000米，也是欧洲海拔最高的球场。不知在这里踢球会不会缺氧。

©Frank Pizabay

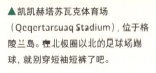
▲凯凯赫塔苏瓦克体育场（Qeqertarsuaq Stadium），位于格陵兰岛。在北极圈以北的足球场踢球，就别穿短袖短裤了吧。

◀这个斜着的足球场是慕尼黑奥林匹克公园里的一处人造景观，应该不会有人当真想在这里踢球吧。

外星人入侵？
那是慕尼黑安联球场！

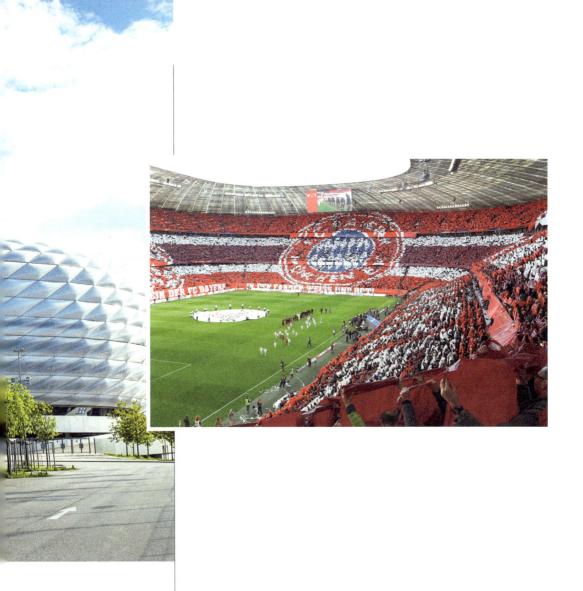

位置：
Werner-Heisenberg-
Allee 25, 80939
München, Germany

容量：

75,024

　　说到德国的足球俱乐部，拜仁慕尼黑（FC Bayern München）这个名字就不得不提。作为德国最成功的足球俱乐部、德甲联赛的"门面担当"，拜仁慕尼黑的主场安联球场（Allianz Arena）在球迷心中自然拥有非常崇高的地位，比如2006年德国世界杯的揭幕战便是在这里举行。安联球场因橡皮艇一般的独特造型成为慕尼黑的地标之一，当然也是每一位去德国旅行的足球迷必然会打卡的一站。

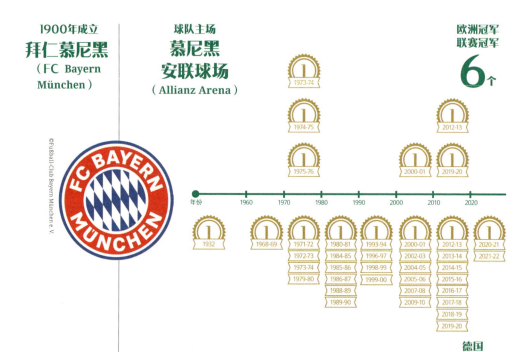

1900年成立
拜仁慕尼黑
（FC Bayern München）

球队主场
慕尼黑
安联球场
（Allianz Arena）

欧洲冠军联赛冠军
6个

©Fußball-Club Bayern München e. V.

年份 1960 1970 1980 1990 2000 2010 2020

1973-74

1974-75 · 2012-13

1975-76 · 2000-01 · 2019-20

1932 · 1968-69 · 1971-72 / 1972-73 / 1973-74 / 1979-80 · 1980-81 / 1984-85 / 1985-86 / 1986-87 / 1988-89 / 1989-90 · 1993-94 / 1996-97 / 1998-99 / 1999-00 · 2000-01 / 2002-03 / 2004-05 / 2005-06 / 2007-08 / 2009-10 · 2012-13 / 2013-14 / 2014-15 / 2015-16 / 2016-17 / 2017-18 / 2018-19 / 2019-20 · 2020-21 / 2021-22

德国顶级联赛冠军
32个

实力雄厚的德甲霸主

　　2021-22赛季，拜仁慕尼黑再一次获得了德甲联赛冠军，完成了史无前例的德甲十连冠，可以说在德甲联赛中占据绝对的统治地位。

　　拜仁慕尼黑也是德国足球在欧洲足坛的代表，历史上共获得过6次欧洲冠军联赛的冠军，是欧洲足坛不可忽视的力量。

球迷不用看

　　德国足球甲级联赛（德甲联赛）是德国最高级别的职业足球联赛，共有18支队伍参加。

　　赛季结束时，德甲最后2名掉落德乙，德乙前2名晋升德甲。德甲倒数第3名与德乙正数第3名互相battle，"胜甲败乙"。

　　德甲联赛对俱乐部财政健康状况的要求非常严格，因此很少出现某个球队大手笔烧钱购买球星的情况，但这并没有影响比赛的精彩程度。德甲球队的比赛风格高效简洁，一场比赛双方各进四五个球的情况相当常见。联赛中排名中游的球队实力接近，竞争十分激烈，因此也深受中国球迷喜爱。

正在庆祝联赛夺冠的
拜仁球员们

德甲联赛标志

"渔网帐篷"与"橡皮艇"

在安联球场建成之前，拜仁慕尼黑的主场是位于慕尼黑北部的奥林匹克体育场。这座体育场位于奥林匹克公园内，是为1972年慕尼黑奥运会而建。虽然建造时间较早，但现在来看，这座体育场也有很多独到之处。

体育场顶棚采用半透明的人造有机玻璃，形似帐篷，这既保证了场地内部光线充足，也让观众免受日晒雨淋之苦。体育场与园区内的其他场馆、自然景观和谐相融，观众既能感受到比赛的激烈，也可以在大自然里放松身心。

旧主场中的重要比赛

除了奥运会，奥林匹克体育场还承办了多场重要比赛：它是1974年德国世界杯的决赛场地，联邦德国在这里战胜荷兰，"足球皇帝"贝肯鲍尔作为队长捧起大力神杯；1988年在这里举行的欧洲杯决赛中，荷兰战胜苏联，夺得了迄今为止唯一一项大赛冠军；1997年的欧洲冠军联赛决赛，来自德国的多特蒙德战胜了意大利的尤文图斯，获得了俱乐部历史上唯一一座欧冠奖杯。

虽然现在体育场已成为当地市民休闲健身的场所，但这里诞生过的"名场面"依然为人津津乐道。

建设安联球场

2001年10月，在一次有关体育场建设的全民投票中，超过65%的投票者支持在慕尼黑新建一座球场，于是安联球场的建设被提上了日程。2002年10月，球场建设工程正式启动，由拜仁慕尼黑和同城"死敌"慕尼黑1860联合出资，大名鼎鼎的Herzog & De Meuron建筑事务所担任设计。整个项目花费了3.4亿欧元，球场终于在2005年5月建设完成。拜仁慕尼黑也将自己的主场从奥林匹克体育场搬到了这里。

慕尼黑奥林匹克体育场的顶棚形似"渔网帐篷"

建设中的安联球场

　　就像欧洲其他足球氛围浓厚的大城市一样，拜仁慕尼黑也有自己的同城"死敌"，即慕尼黑1860（TSV 1860 München），两队间的比赛称为"慕尼黑德比"。正如队名所示，慕尼黑1860成立于1860年，比拜仁慕尼黑早了40年，其实力却与拜仁慕尼黑存在巨大差距，虽然两队的比赛总是充满火药味，但拜仁慕尼黑几乎每次都完全占据上风。2004年，慕尼黑1860从德甲降级，目前只能在德丙联赛混迹。因为在低级别联赛导致球队收入减少，球队不得不在2014年出让安联球场的所有权，从此安联球场为拜仁慕尼黑独有。

罗伯特·莱万多夫斯基
（Robert Lewandowski）

波兰前锋，拜仁慕尼黑的前场进攻核心，虽然已是34岁"高龄"，但是在2021-22赛季依然保持恐怖的进球效率：德甲34次首发进35球，场均进球数已超过1个。2019-20赛季，拜仁慕尼黑获得了联赛冠军、德国杯冠军和欧洲冠军联赛的冠军，莱万也因在俱乐部的出色表现于2020年、2021年两次获得世界足球先生的荣誉。

  莱万的成功离不开家人的支持，妻子安娜就是他的贤内助。安娜曾经是波兰职业空手道运动员，获得过空手道世锦赛的金牌，同时她也是一位营养师。她不仅经常在社交媒体上晒出自己和丈夫一同健身的视频，还为他量身定制了严格的作息时间和饮食计划，是莱万保持良好状态的幕后功臣。

托马斯·穆勒
（Thomas Müller）

被国内球迷亲切称为"二娃"的穆勒是拜仁慕尼黑队内人气最高的球员之一。正如他的绰号表现出来的一样，穆勒就是球队里的一颗开心果。

　　在慕尼黑啤酒节上，穆勒会穿上dirndl（巴伐利亚传统裙装），变身为女服务员，为队友们端上啤酒。在球场上他也经常会有一些出人意料的举动，比如罚角球时把球踢出界外，直接跪地抱头懊悔；或者队友在准备罚任意球时，突然向前跑动并摔倒，虽然这后来被证明是一个任意球战术，用来吸引对方防守队员的注意力，可这表现也着实让观众吓了一跳。

　　但是不会有人怀疑穆勒对球队的贡献。自从2008年效力拜仁慕尼黑以来，他已为球队打入227个进球（截至2021-22赛季），超高的球商使得他总能出现在合适的位置，接到队友的传球完成致命一击。如果队友有合适的机会，他也会无私地为队友传球，至今他已为队友助攻243次（截至2021-22赛季）。在德国国家队，他曾在南非世界杯上获得世界杯金靴，在4年后的巴西世界杯又捧得大力神杯，同样是国家队不可缺少的一员。

科技感满满的安联球场

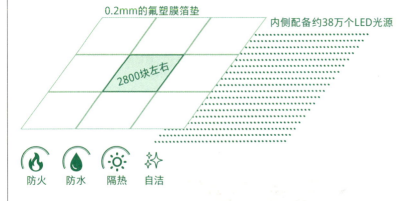

0.2mm的氟塑膜箔垫

内侧配备约38万个LED光源

2800块左右

防火　防水　隔热　自洁

安联球场最引人注目的就是它的外观。

从远处看，白色的椭圆体就像一个橡皮艇，近看则
会发现球场外立面被分割成了一个个菱形，每个菱形其
实是只有0.2毫米厚的氟塑膜箔垫，这种材质具有防火、
防水、隔热和自我清洁的功能，总计2800块左右的垫片
将球场完全包裹。在每个垫片内部都装有荧光灯管，可
显示白、红、蓝三种色彩。

2014年经过翻新，垫片内侧被安装了约38万个LED
光源，每个光源均可实现定位和控制，这让球场外立面
的颜色渐变成为可能，色彩选择也更加多样。因此，除了
拜仁在主场比赛时球场外立面会呈现红色之外，在其他
重大活动和主题日中也会亮起更多缤纷色彩。

球场看台分上、中、下三层，每层的倾斜角依次是
34°、30°和24°，坐席与球场的最短距离只有7.5米。
南看台三层座椅的颜色被涂成红、白、蓝三色，组成了巨
大的拜仁慕尼黑队徽的形状，中间蓝白相间的部分为巴
伐利亚州州旗的颜色。东西两侧看台分别有"Mia san
Mia"和"FC Bayern München"的字样。

南看台已经成为"死忠球迷"的代名词,每场比赛极端球迷组织都会在南看台聚集,嘹亮的助威歌声贯穿整场比赛,声势浩大,为球队取胜贡献不小。但同时,他们也做过一些出格的举动,比如为了抗议球场严格的安检而拒绝入场,使得看台空空荡荡等。

"Mia san Mia"是巴伐利亚方言,标准德语为"Wir sind Wir",直译是"我们就是我们",这是拜仁慕尼黑的精神信条,球队前主席赫内斯对此的理解是:"球队要保持团结一致,昂首前进时也必须俯身对别人给予帮助,这是每个球员的责任和义务。"

博物馆里的传奇故事

参观安联球场内的博物馆是球场之旅必不可少的一部分。

在球场外侧,可以找到写有"338-340 FC Bayern Erlebniswelt"(拜仁慕尼黑体验中心)的指示牌,上楼梯就来到了博物馆入口。

进入博物馆,首先看到的就是球队从1900年建队至今的各个历史阶段的相关介绍,配有大量图片文字和珍贵的实物陈列。

继续往前走,则是一间小咖啡厅Café Gisela。1900年,拜仁慕尼黑就是在当地一家名叫Café Gisela的酒馆里正式成立的。喝咖啡、歇脚的同时,你还可以看着墙上泛黄的老照片,想象球队成立时的情景。

咖啡厅旁边的一座小影院滚动播放有关拜仁慕尼黑历史的纪录片。影片回顾了球队100多年以来取得的重要胜利和令人难忘的时刻。球队的传奇人物也回忆了他们在拜仁慕尼黑的职业生涯。球迷在这里可以了解球队台前幕后的各种故事。

走过一面挂满球衣的玻璃墙,就是"名人堂"展区,这里展出了球队各个时期、共13名球员为球队做出的杰

博物馆内的奖杯展示

拜仁慕尼黑著名球员拉姆(Philipp Lahm)也成为"名人堂"的一员

出贡献以及他们获得的个人荣誉，其中就包括"足球皇帝"贝肯鲍尔、"轰炸机"盖德·穆勒等传奇人物。从具有浓厚历史氛围的展厅出来，就能看到对球队最新情况的介绍，两侧有现役球员和教练的剪影，还展示了球队最近获得的各项荣誉。

贝肯鲍尔是拜仁乃至德国足球的代表人物之一，他可以胜任场上多个位置，因此也被称为球队的"自由人"。在1970年世界杯和意大利的半决赛中，他肩膀脱臼，但是球队已经用完换人名额，他只能缠着绷带坚持比赛。虽然德国在那届世界杯中输给了意大利无缘决赛，但是贝肯鲍尔之后分别以球员和教练的身份为德国队夺得了1974年和1990年的世界杯冠军，成为当时世界上第二位在球员和教练时期都获得过世界杯冠军的人物。

博物馆除了常设展，也会不定期推出临时特展。博物馆曾推出贝肯鲍尔的个人展，回顾了这位传奇球员的职业生涯和执教经历，以及他罕为人知的个人生活。另一项特展则是关于球队前锋盖德·穆勒，他在拜仁慕尼黑效力期间共打入五百多球，展览主要表现他在球队的各项数据和进球瞬间，以纪念这位伟大的射手。

盖德·穆勒因超高的进球效率也被人称为"轰炸机"。他在少年时期曾试图转会至纽伦堡，但被对方拒绝。随后，拜仁慕尼黑给了他机会，从此他精湛的技术展露无遗，成为当时足坛的超级射手。他曾在1971-72赛季攻入40个德甲联赛进球，这一纪录直到在2020-21赛季才由莱万多夫斯基以41球打破；在国家队，他在世界杯比赛中共打进14球，这一纪录直到2006年才由罗纳尔多以15球打破（2014年世界杯，克洛泽又以16球再次刷新纪录）。

除了展览区，博物馆还有多个互动区域。球队专用大巴车上的座椅被复制到了这里，你可以坐下，想象自己和球队一起踏上旅途，前往客场去参加比赛。这里还有一块迷你球场，方便你展现球技。旁边则是球队吉祥物Berni的"家"，也是孩子们的游乐区。球迷用品商店就在球场内，和博物馆相邻。除了比赛球衣、训练服等，球队还会推出主题纪念衫：2019年球队获得德甲联赛冠军和德国杯冠军后，推出了"双冠王"主题纪念衫；2020年获得欧洲冠军联赛冠军后，又推出了欧冠主题纪念衫。

你可以单独购票分别参观球场和博物馆，也可以购买联票一并参观，可在fcbayern.com/museum/de/tickets查询购票信息。在fcbayern.com/de/tickets可购买比赛门票，但是几乎所有主场比赛都很难买，建议多关注二手票务平台。

比赛开场前，球场上空飘满彩带

观赛小贴士

如果你有机会在安联球场现场观赛，记得提前做做功课，比如熟悉一下球员名字，学习如何用德语念出数字。如果拜仁进球了，要跟上现场主持人的节奏：一般来说，拜仁进球之后，主持人会先喊出进球球员的名字，然后由现场球迷喊出球员的姓，连喊3遍，之后主持人喊"FC Bayern München"（拜仁慕尼黑的德语名称），球迷喊拜仁的进球数，接着主持人喊客队名称，球迷喊"null"（即客队进球数是零），最后主持人喊"Danke"（谢谢），球迷喊"Bitte"（不客气）。需要注意的是，即便客队进球数不是零，也要喊"null"，不要因为太实在而遭到拜仁球迷的"嫌弃"。

到达球场

慕尼黑安联体育场位于慕尼黑北部，在市中心乘地铁U6至终点站**Fröttmaning**即可到达。友情提示：出地铁站后虽然球场就在眼前，但还要走相当长的一段距离才能到达球场入口，一定要预留充足的时间，不要错过比赛开始，否则就只能听着球场内山呼海啸的助威声而干着急了！

周边餐饮和住宿

安联球场周边较为荒凉，几乎没有食宿可供选择。好在慕尼黑交通便利，可从球场乘地铁到达**奥林匹亚购物中心**，这里有连锁餐馆可供选择。另外球场内也有多种就餐选择，比如售卖汉堡、比萨的小吃摊，提供咖啡、啤酒和三明治的Arena Bistro等。另外在Paulaner Fantreff North还有正餐可以选择。

周边景点

安联球场虽然距离著名景点较远，但周边还是有值得一逛的地方。球场西侧跨过高速公路是**Zipline Fröttmaninger Berg公园**，公园内的土丘上有巨大的风力发电机，从这里也能得到眺望安联球场的绝佳视野。

从球场乘地铁至**Münchner Freiheit站**，再换乘地铁U3至**Olympiazentrum站**，即可到达**宝马博物馆**（BMW Museum）。其碗状建筑十分引人注目，里面展示着各式宝马汽车和摩托车，并介绍了宝马公司的发展历程。相邻的"四汽缸"形建筑就是宝马总部，不过这里不对公众开放。

与宝马博物馆一街之隔的是**宝马世界**（BMW Welt），双圆锥形的造型极具现代风格，在这里既可以参观，也可以试驾，在新车交付中心可以现场购买并提车。在工作坊还可以亲自动手，学习机械知识。

宝马世界西边不远处就是**慕尼黑奥林匹克公园**（Olympia park），公园内有各种场馆和设施供人们休闲娱乐。除了奥林匹克体育场，园区内的奥林匹克塔也值得一去。天气晴朗时，登上奥林匹克塔的观景台，还能远眺南部的阿尔卑斯山。

球迷从 Fröttmaning 站前往安联球场

慕尼黑奥林匹克公园

安联球场周边

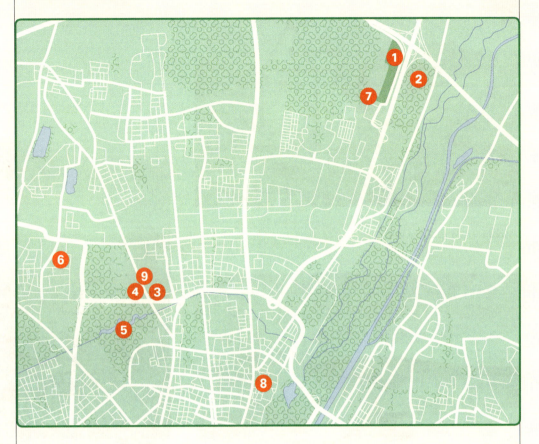

1. 安联球场

2. Zipline Fröttmaninger Berg 公园

3. 宝马博物馆

4. 宝马世界

5. 慕尼黑奥林匹克公园

6. 奥林匹亚购物中心

7. Fröttmaning地铁站

8. Münchner Freiheit地铁站

9. Olympiazentrum地铁站

从公园的山坡上眺望安联球场

宝马世界和对面碗状的宝马博
物馆以及宝马总部

看台上的球迷打出一面面鲜艳的旗帜

　　如果你已经把安联球场列入了旅行清单，那你可要开始准备起来了。2024年欧洲杯将在德国举行，安联球场也是比赛地之一。在慕尼黑，浓郁淳朴的巴伐利亚风情也许会让你忘记自己身在异乡，不妨借这个机会，加入热情的球迷队伍中，一边开怀畅饮，一边为自己的主队加油呐喊吧！

来多特蒙德，
体验欧洲第一"魔鬼主场"

位置:
Strobelallee 50, 44139
Dortmund, Germany

容量:

81,365

　　放眼欧洲足坛,多特蒙德在赛场上的表现并不算顶尖:近十年,它在德甲联赛中一直处于拜仁慕尼黑的阴影之中;在欧洲赛场,它也鲜有突破。即便如此,多特蒙德始终有众多忠实的追随者——正是他们在球场里营造了恐怖的比赛氛围,尤其是当球场南看台巨大的"tifo"显现时,往往会让客队未战先怯。

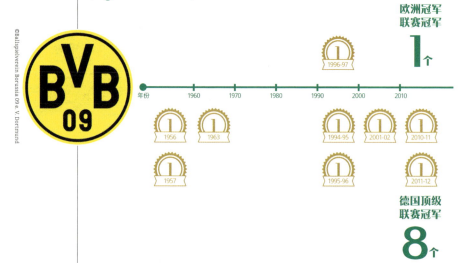

1909年成立
多特蒙德
（**Borussia Dortmund**）

球队主场
西格纳-
伊杜纳公园
（**Signal Iduna Park**）

©Ballspielverein Borussia 09 e. V. Dortmund

**欧洲冠军
联赛冠军**
1 个

年份　1960　1970　1980　1990　2000　2010

1996-97

1956　1963　1994-95　2001-02　2010-11

1957　1995-96　2011-12

**德国顶级
联赛冠军**
8 个

8万人的
圣殿

　　多特蒙德俱乐部于1909年12月19日在德国多特蒙德市成立，全称"波鲁西亚多特蒙德球类俱乐部"（Ballspielverein Borussia 09 e. V. Dortmund），队徽上"BVB 09"的字样便来自于此。"Borussia"是"Prussia"（普鲁士）的拉丁语，但实际上这个名字和普鲁士无关，而是当地一家酿酒厂的名字。

　　在德国足球甲级联赛（Bundesliga）于1963年正式成立以前，多特蒙德已多次获得西部顶级联赛（Oberliga West）的冠军。从俱乐部成立开始，多特蒙德先后以白草地球场（Weiße Wiese）和红土地球场（Stadion Rote Erde）为主场。那之后德国获得了1974年世界杯的举办权，以此为契机，一座新球场——威斯特法伦球场（Westfalen Stadion）的建设工作被提上日程。1974年4月球场落成，多特蒙德俱乐部便将主场设在这里。2005年，俱乐部决定将球场冠名权出售给保险公司西格纳-伊杜纳（Signal Iduna），因此球场更名为西格纳-伊杜纳公园球场。

　　球场四周看台为黄黑两色，是多特蒙德俱乐部的主色调。球场外围的四角各矗立着两座黄色塔架，十分醒目，从城市的多个

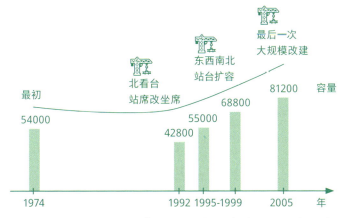

| 最初 | 北看台
站席改坐席 | 东西南北
站台扩容 | 最后一次
大规模改建 | 容量 |

54000   42800   55000   68800   81200

1974   1992   1995-1999   2005   年

地点都可以看到。球场建成后，最初可容纳54,000名观众。1992年，多特蒙德市城建局要求将北看台的站席改为坐席，因此球场容量减少至42,800名观众。但是自此以后，球场又经历了多次改扩建：在1995年至1999年的第一次扩建中，俱乐部决定在东、西两侧的看台上再加盖一层，球场容量恢复到55,000人；在第二次扩建中，在北看台增加了一层坐席，全站席的南看台在扩容后可容纳25,000名观众，成为全欧洲最大的站席看台。在国际比赛中，南看台还可以在较短时间内转换成坐席看台。在2006年德国世界杯的筹备工作中，球场在2005年夏天进行了最后一次大规模改建工程，包括配备电子化入场系统，增设无障碍坐席，改建VIP区域、球员更衣室以及卫生清洁设施，这导致球场的座位数减少了大约1500个，容纳的观众人数也降至81,200左右。

球场外景，四角的黄色塔架非常醒目

往日辉煌

虽然多特蒙德近些年一直被拜仁慕尼黑压制，但是球队也曾有令球迷骄傲的高光时刻。20世纪90年代，多特蒙德迎来了黄金时代，1991年，俱乐部聘任奥特马尔·希斯菲尔德（Ottmar Hitzfeld）为主教练，在他的带领下，球队取得了一系列优异成绩：1994-95赛季，多特蒙德获得联赛冠军并在次年成功卫冕；1996-97赛季，他们在欧洲冠军联赛的决赛中击败意大利的尤文图斯，首次获得欧洲冠军联赛的冠军，球队主力马蒂亚斯·萨默尔（Matthias Sammer）还获得了1996年的欧洲金球奖。而随着这一批球员的退役或转会，俱乐部又花高价引进了托马斯·罗西基（Tomás Rosicky）、扬·科勒（Jan Koller）等球星，并于2001-02赛季再次获得联赛冠军。

低谷和复兴

在经历了巅峰之后，多特蒙德因为花高价引进球员而陷入财政危机，糟糕的经营状况也让球队挣扎于低谷。2007-08赛季，他们在联赛中仅获第13名，是近年来最差战绩。

为了让俱乐部重新焕发活力，高层引进了新的运营管理理念，并且带来了新教练：尤尔根·克洛普（Jürgen Klopp），他充分挖掘队内年轻球员，使球队充满生机。2010-11赛季，多特蒙德时隔9年再次获得了联赛冠军。

2011-12赛季，多特蒙德不仅成功卫冕，还获得了德国杯冠军，成为国内双冠王。2012-13赛季，他们又在欧洲冠军联赛的半决赛淘汰皇家马德里，只是在决赛中1：2输给拜仁慕尼黑，屈居亚军。在克洛普执教多特蒙德的7年中，很多球员崭露头角，先后被豪门球队挖走：莱万多夫斯基、格策、胡梅尔斯转会至拜仁，京多安、香川真司分别转会至曼城和曼联。不过随着主力球员纷纷离开或是状态下滑，多特蒙德也辉煌不再，克洛普打造的那支进攻风格高效华丽的球队，至今依然为球迷怀念。

夺得欧冠冠军时的球
员们

"渣叔"克洛普举起德
甲联赛冠军奖盘

2011-12赛季，多特蒙
德获得德国杯冠军，莱
万多夫斯基高举奖杯

引人注目的tifo文化

在体育领域中，tifo一般指看台上的大型横幅或拼图，会出现在比较重要的比赛中。球迷用tifo表达对主队的支持，同时也能震慑对手。tifo文化起源于意大利，在欧洲其他国家也很流行，但是要数给球迷留下最深刻印象的，多特蒙德主场南看台的tifo绝对是有力争夺者。

其中最让球迷津津乐道的一定是2012-13赛季欧洲冠军联赛1/4决赛、多特蒙德主场迎战西班牙球队马拉加的比赛中出现的tifo。

tifo的背景是一个巨大的欧洲冠军联赛奖杯图案，一个咧着牙笑的手拿望远镜的多特蒙德球迷形象缓缓出现在前面，他好像在寻找着什么。下面的文字给出了答案：寻找失落的大耳朵杯（欧冠奖杯两侧的把手形似耳朵）。球迷有意用这样的tifo鼓励球员，努力获得欧冠冠军。多特蒙德的球员显然也是受到了鼓舞，补时阶段他们连入两球，最终3：2逆转马拉加，成功晋级下一轮比赛。

2016-17赛季欧洲冠军联赛1/8决赛次回合，多特蒙德主场迎战来自葡萄牙的本菲卡，南看台的球迷自然也没有让大家失望，这次的巨型tifo主题是回顾历史。

1963年，多特蒙德曾经在欧洲冠军杯（即欧洲冠军联赛的前身）的比赛中主场5：0战胜了本菲卡，比赛过后的第二天各大报纸都刊登了球队获胜的消息。打出这样的tifo，球迷自然对球队在主场取胜很有信心，最下面一行字写着：明天报纸上又会写道"多特蒙德击败本菲卡"。果然，多特蒙德最终4：0战胜了对手。

当然，也不是每次tifo都会给球队带来好运。2014-15赛季欧洲冠军联赛1/8决赛，多特蒙德主场对阵意大利的尤文图斯，这次球迷依旧打出了巨大的tifo。

这次tifo的主题依然是怀旧，在1996-97赛季的欧洲冠军联赛决赛，多特蒙德战胜尤文图斯，收获了俱乐部至今唯一的欧冠奖杯。在巨型tifo中，左边的里德尔和中间的里肯在当时的决赛中都有进球，位于右边、叼着烟卷的就是当时的主教练希斯菲尔德。即便球迷已经把现场气氛烘托到极致，多特蒙德还是在主场0：3输掉了比赛。

tifo的主题不只是和比赛有关，有时也会让人感到足球自有温情在。

2014-15赛季多特蒙德最后一个主场比赛，也是教练尤尔根·克洛普在多特蒙德执教的最后一场比赛，南看台打出了巨型tifo"谢谢你，尤尔根"来送别他们的功勋教练。克洛普执教多特蒙德的7年间，球队获得了两座联赛冠军奖盘、一座德国杯冠军，并且在2012-13欧洲冠军联赛中获得亚军，这也是近年来他们在欧洲赛场上取得的最好成绩。

在多特蒙德和沃尔夫斯堡的一场德甲联赛中，比赛之前一幅大型tifo缓缓升起，图案是父亲带儿子来看多特蒙德的比赛，两人都戴着球队围巾。

Tifo下面写着：当我还是孩子的时候我就和我的父亲来看球，就像他小时候被他的父亲领来看球一样。在球员入场后，多特蒙德的队员特意跑向南看台，向一代又一代支持他们的球迷致敬。这样的传承，也是浓厚的球迷文化的体现。

在和法兰克福的一场德甲联赛中，巨型tifo展示了多特蒙德的标志性建筑：画面右侧有多特蒙德著名的赫施钢厂（Hoesch），有些工人祖孙三代都在这里工作；钢厂旁就是球场的黄色塔架和位于威斯特法伦公园内的弗洛瑞安塔；画面左侧包括多特蒙德U艺术创意中心、圣莱诺迪教堂等建筑；最下面配有文字"伟大的城市多特蒙德，我的梦"。通过这些地标建筑和文字，球迷们表达了他们身为多特蒙德人的自豪感。

多特蒙德的球迷还将他们对家乡的热爱融入tifo中。

这样的巨型tifo一般都由死忠球迷组织绘制，通常需要提前数月准备，成本有时高达数千欧元，资金都来自球迷们的募捐。在绘制好图案后，还需要排练数次以确保万无一失。因为tifo都是挂在钢架上被拉拽起来，所以只看静态的图片并不能完全领略它带来的震撼。有机会的话，还是亲临现场体验一番吧。

美国球员雷纳虽然只有20岁，但是截至2021-22赛季结束，他已经代表多特蒙德俱乐部参加了近80场比赛。2020年1月，雷纳首次代表多特蒙德在德甲联赛中出场，以17岁零66天的年龄成为德甲有史以来出场最年轻的美国球员。

　　雷纳的父亲也是职业球员，曾经在德国的勒沃库森和沃尔夫斯堡效力，并长期担任美国国家队的队长，小雷纳也继承了父亲的足球基因。因为出生地和亲属的关系，雷纳可以选择为美国、英格兰、葡萄牙或阿根廷效力，但是把美国视为家乡的他最终毫不犹豫地选择穿上了美国队服。

　　在卡塔尔世界杯预选赛美国和墨西哥的比赛中，雷纳曾带球连过对方数名防守队员。有人说看他过人好像看到了马拉多纳的影子，虽然这话有夸张成分，但是刚满20岁的雷纳绝对前途无量。

马尔科·罗伊斯
（Marco Reus）

德国国脚，多特蒙德队长，作为一名边锋，他的奔跑速度飞快，射门技术一流，有"小火箭"的昵称。罗伊斯相貌英俊帅气，长期以来一直是这支以外形著称的德国男足中的颜值担当。

　　罗伊斯在多特蒙德效力已超过十年，见证了俱乐部的起起落落。虽然队友不断被各大豪门挖走，但作为球队当家球星的罗伊斯本人却从未动过离开的念头，毕竟他从小就是一名忠实的多特蒙德球迷。

　　自古红颜多薄命，罗伊斯的国家队生涯充满坎坷。2014年，罗伊斯作为绝对主力和进攻核心帮助德国队杀入南非世界杯正赛，但他本人却在世界杯开赛之前不久的热身赛中遭遇重伤，不得不告别了世界杯的赛场。那年德国队夺得世界杯冠军，队友们在庆祝之时还打出了他的球衣。两年后的欧洲杯，同样的情况竟然再度上演，以至于当德国队打入2018年世界杯正赛后，网上很快出现了"赶快把罗伊斯关保险箱里谁也别碰"的梗图。

　　一个悲伤的事实是，就在2022年9月，罗伊斯再度受伤，不得不被担架抬出赛场，此时距卡塔尔世界杯开赛仅剩两个多月。不过罗伊斯说自己不会放弃，队友也给了他很多支持和鼓励。这将是他职业生涯的最后一届世界杯，希望"小火箭"能够不再错过。

参观球场

西格纳-伊杜纳公园球场是多特蒙德的标志性建筑，来这里旅游一定不要忘了来此打卡。球场就位于市中心以南，有便捷的公共交通可以直接抵达球场。从多特蒙德火车站（Dortmund HBF）出发，乘坐地铁U45，在**Westfalenhallen U**站下车，步行5分钟即可到达。

参观球场之前，可以先去博物馆（Borusseum）了解球队及球场的历史。几座奖杯非常引人注目，包括德甲联赛冠军奖盘、德国足协杯的奖杯以及唯一的一座欧洲冠军联赛奖杯。西格纳-伊杜纳公园球场还是2006年德国世界杯的举办场地之一，博物馆里展出了当时的比赛门票。2006年世界杯半决赛，德国就是在这座球场经过加时赛输给了意大利，对手意大利国家队的旗帜也在此展出。

在游览球场的过程中，游客会依次参观球员更衣室、新闻发布厅，并且穿过球员通道，来到球场边，坐在替补席上与球场近距离接触。值得注意的是，球场里还设有球迷监狱，用来关押行为不当的球迷——"坐球监"这个词通常指的是球员因严重犯规而被罚多场比赛不得上场，不过在多特蒙德这里倒是有了更现实的含义了。监狱里有两个牢房，每一个可容纳10人到20人。在比赛日（尤其是极其重要的比赛），球场会安排大量警力监督场内情况，以确保每一名球迷的安全。

球场提供多种类型的团队游。可以选择"球场漫步"（Stadionspaziergang），在购票时选择参观时间段，总游览时长约1小时。在球场的一些角落，可以扫描二维码获取更多球场信息，记得自备耳机。

如果你是多特蒙德的死忠球迷，一定不要错过2小时的Adrenalinverstärkt团队游。球场会给每位参观者提供语音导览和耳机，可以听到球场的欢呼声，这绝对是一种不可错过的沉浸式体验。通过语音导览，还可以了解多特蒙德的辉煌时刻以及奇闻轶事。导览游结束后，工作人员会将耳机送给参观者作为纪念，并发放证书。

球场还提供其他主题的团队游，比如你可以在游览过程中和球队吉祥物合影，或者在周日美好的早晨，先来球场旁的露天酒吧小酌一杯，再开启球场之旅。具体的团队游详情、预约时间与价格可参见ticket-onlineshop.com/ols/bvbstadion。

博物馆中的展品

球队的吉祥物就是这只大黄蜂啦，就还……挺可爱的

周边餐饮及住宿

球场与市中心有便捷的公共交通连接，因此不用担心就餐问题。球场周边也有一些就餐选择，最受欢迎的就是**Strobels**。在中午和晚上这里提供主餐及烧烤，比赛日尤其热闹，会有大批球迷聚集在此，边喝啤酒边看直播，是体验球迷氛围的绝佳地点。这里也会不定期举办各种主题的派对，具体时间可在strobels-dortmund.de/de/termine.htm查询。

球场靠近多特蒙德会展中心，有各种价位的住宿选择。经济型酒店可以选择位于球场西侧的**B&B Hotel Dortmund-Messe**，球场北侧还有各种中档连锁酒店，以商务风格为主，如美居酒店、施泰根博格酒店等。

周边景点

多特蒙德大多数景点都集中在火车站和老城区附近。下火车来球场之前，不妨先去火车站对面的**德国足球博物馆**（Deutsches Fussball Museum）逛逛。这座博物馆于2015年开放，3000多平方米的展厅中有超过1600件展品，介绍了德国足球140年的历史。

在德国足球博物馆西侧不远，就是地标建筑**多特蒙德U艺术创意中心**（Dortmunder U），经常举办艺术展览、文化教育讲座、电影放映等活动。多特蒙德同样不缺自然景点。球场对面就是**威斯特法伦公园**（Westfalenpark），春天公园里鲜花盛开，你还可以登上弗洛瑞安塔，在观景平台上俯瞰周边景色，西格纳-伊杜纳球场也会映入眼帘。

德国足球博物馆就在多特蒙德火车站对面

正在酒吧中看球的多特蒙德球迷

多特蒙德U艺术创意中心与电视塔、教堂等建筑构成了多特蒙德天际线

西格纳-伊杜纳公园球场周边

1. 西格纳-伊杜纳公园球场　　5. Strobels餐馆
2. 德国足球博物馆　　　　　6. B&B Hotel Dortmund-
3. 多特蒙德U艺术创意中心　　Messe
4. 威斯特法伦公园　　　　　7. Westfalenhallen U地铁站

夜色下，一场比赛正在球场内进行

从传统的工业城市到绿色环保之都，多特蒙德这座城市始终走在发展前沿。不变的是这里始终有一批坚定忠实的球迷，用自己的方式表达对家乡的热爱和对球队的支持。不论球队处于巅峰，还是遭遇低谷，他们就是球队最强大的后盾，也是球队力量的源泉所在。

头戴顶棚、脚下有公路穿过的奇特球场——
约翰·克鲁伊夫竞技场

位置：
Johan Cruijff
Boulevard 1, 1100 DL
Amsterdam,
Netherlands

容量：

56,120

　　足球比赛有时也会遇到比较极端的天气，球员在暴风骤雨中奔跑，脚下的草皮也变得如菜地一般，每到这个时候，人们就会想着如果球场能有个顶棚该多好。虽说对于球场这种大型建筑来说造个顶棚并不容易，但有些还是做到了，比如位于荷兰首都阿姆斯特丹的约翰·克鲁伊夫竞技场（Johan Cruijff Arena），它不仅拥有可开合的滑动式顶棚，正下方还有一条公路穿过，非常有意思。

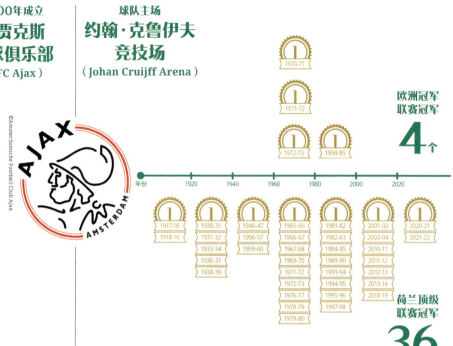

1900年成立
阿贾克斯
足球俱乐部
（AFC Ajax）

球队主场
约翰·克鲁伊夫
竞技场
（Johan Cruijff Arena）

©Amsterdamsche Football Club Ajax

**欧洲冠军
联赛冠军**
4个

年份	1920	1940	1960	1980	2000	2020

1970-71
1971-72
1972-73　1994-95

1917-18
1918-19

1930-31
1931-32
1933-34
1936-37
1938-39

1946-47
1956-57
1959-60

1965-66
1966-67
1967-68
1969-70
1971-72
1972-73
1976-77
1978-79
1979-80

1981-82
1982-83
1984-85
1989-90
1993-94
1994-95
1995-96
1997-98

2001-02
2003-04
2010-11
2011-12
2012-13
2013-14
2018-19

2020-21
2021-22

**荷兰顶级
联赛冠军**
36个

关于队徽

　　阿贾克斯之名源自球队创始人对《荷马史诗》中希腊英雄大埃阿斯（Ajax the Great）的喜爱，大埃阿斯被认为是特洛伊战争中希腊一方仅次于阿喀琉斯的第二强大的战士，虽自杀身亡，但自始至终未被征服。球队队徽中的头像便是以神话中大埃阿斯的形象为蓝本设计而来。

一个昔日的
足坛豪门

　　约翰·克鲁伊夫竞技场是荷兰足球甲级联赛（简称荷甲）球队阿贾克斯（Amsterdamsche Football Club Ajax，简称AFC Ajax）的主场。作为荷甲的老牌劲旅，阿贾克斯曾是20世纪后期欧洲足坛最成功的俱乐部之一，时至今日仍然不断地向世界足坛输出新鲜血液，深受全世界球迷的喜爱。

1900年
创立

　　阿贾克斯俱乐部创立于1900年，球队在20世纪早期就获得了很大成功，多次赢得国内顶级联赛的冠军，并成为荷甲联赛的创始球队之一。

球场大门上的约翰·克鲁伊夫画像

1965年
"全攻全守" 理念,
青训体系名满全欧

　　1965年, 里努斯·米歇尔斯(Rinus Michels)成为球队的主教练,他将"全攻全守"(场上的所有队员需要同时担当进攻和防守任务)的足球理念发扬光大,将足球运动的战术性提高到了新的层次,这一战术思想至今仍是荷兰足球的标志之一。阿贾克斯的青训体系也从那时开始名满全欧,包括约翰·克鲁伊夫(Johan Cruyff)在内的许多传奇球星在这个时期开始崭露头角(约翰·克鲁伊夫是"全攻全守"足球理念的灵魂人物,号称可以胜任场上除守门员以外的任何一个位置,关于他的丰功伟绩,"诺坎普篇"中有更详细的介绍,感兴趣的同学可参见第104页)。

20世纪
70年代
在欧洲足坛大杀四方

　　20世纪70年代, 阿贾克斯如同旋风一般在欧洲足坛大杀四方,从1970-71赛季起连续3个赛季夺得欧洲冠军杯的冠军,成为名副其实的欧洲霸主。

1994-95赛季
第4次夺得欧洲冠军联赛冠军

之后，球队的成绩虽有所起伏，但引以为傲的青训体系仍不断培养出优秀的人才，先后涌现出了包括范·巴斯滕、里杰卡尔德和博格坎普在内的无数足球巨星，球队也在1994-95赛季第4次夺得欧洲冠军联赛（由欧洲冠军杯在1992年更名而来）冠军，站上了欧洲之巅。

遭巨资挖角，球队巅峰落幕

不过，球队的巅峰也在此落幕，随着《博斯曼法案》的签订，欧洲足坛开始进入资本主导的时代，身处荷甲联赛的阿贾克斯难以抵挡来自五大联赛（英超、西甲、意甲、德甲、法甲）球队的巨资挖角。虽然球队的青训体系仍不断培养出优秀的年轻球员，但他们一出师，就会被各大豪门带走，从那以后，球队再也没能重现过去的辉煌。

关于《博斯曼法案》

欧洲球队曾经一定程度上拥有对自己队内球员的所有权，哪怕合同到期，没有球队的许可，球员也很难转会去其他俱乐部，这对球员非常不公平。于是在1990年，比利时球员让·马克·博斯曼（Jean-Marc Bosman）就此把自己的老东家告到了欧盟法院，并最终得到了有利于自己的判罚。这份判决结果也就成了后来的《博斯曼法案》。

根据法案，球员在合同期满后，可以在不支付任何费用的情况下转会去别的球队，这在很大程度上保护了球员利益，也使得金钱的力量在足球世界中变得更加强大，受到大资本青睐的豪门球队可以轻而易举地通过"拿钱砸死你"的方法，将中小球队里的优秀球员带到自己这边，而中小球队从此再难出头。曾经一些小国联赛中的球队，如布加勒斯特星和贝尔格莱德红星，都曾拿到过欧冠的冠军，而如今，这一荣誉几乎已经被五大联赛的球队垄断。

2018-19赛季
又一次让全世界眼前一亮

虽然不复过去的辉煌，但阿贾克斯仍然能时不时地给球迷创造惊喜，最近的一次就在2018-19赛季。在当季的欧冠比赛中，阿贾克斯从死亡之组中一路杀出，在之后的淘汰赛中，先后淘汰了"银河战舰"皇家马德里和意甲霸主尤文图斯，队内一众年轻球员的出色表现让全世界眼前一亮，让人再次感叹阿贾克斯青训体系的强大。

1987年球队夺得欧洲
优胜者杯冠军

阿贾克斯博物馆中闪
闪发光的欧冠奖杯

不过成长的过程中总会伴随苦涩，在随后的半决赛中，在自己的主场约翰·克鲁伊夫竞技场，手握3球优势的阿贾克斯青年军，被对手托特纳姆热刺的替补奇兵卢卡斯·莫拉（Lucas Moura）在45分钟内连进3球，最终因客场进球数劣势抱憾出局，改变一切的第三粒进球发生在比赛的最后一刻（伤停补时的第6分钟），一瞬间天堂到地狱的转变也让人着实感受到了竞技体育的残酷性。

关于伤停补时
球迷不用看

足球比赛总是会因为各种原因暂停，但比赛中断时并不会停表，这导致最终的有效比赛时间少于规定的90分钟，于是就有了伤停补时的规则。主裁判会在比赛结束前根据比赛的中断情况决定补时的时长（通常在1－5分钟），在常规时间结束以后进行补时。不过，到达补时规定的时间之后比赛也不一定就会立刻停止，最终还是要由主裁判决定何时结束比赛。在上面的例子中，最初规定的补时时长是5分钟，但是热刺球员在补时满5分钟时进球后，足足庆祝了1分多钟，因此为了公平起见，最终的补时时长超过了7分钟。

不出意外，这批优秀的年轻球员在随后的新赛季便各奔东西，成了各大豪门在那个赛季的重磅引援，而被拆散的阿贾克斯俱乐部也再次淡出了人们的视野。不过，拥有如此出色的青训体系的阿贾克斯肯定还会回来的，约翰·克鲁伊夫竞技场也将会上演更多精彩的赛事。

中小球队的生存之道
球迷不用看

虽然说起来无比遗憾，但事实上卖出队内的青年才俊也正是现如今中小规模球队的生存之法。众所周知，豪门球队的门槛很高，对错误的容忍度很低，但"玉不琢，不成器"，优秀的球员就是在不断地犯错中成长起来的。因此许多中小球队便看准了这一点，它们在全世界网罗优秀的年轻球员，给他们足够多的机会试错，待球员成长起来之后，再在类似欧冠这样的大型赛事中将他们"推介"给各大豪门。最终球员被豪门买走，实现了自己的人生理想，球队也从交易中赚取了大量利润，可谓双赢。

进球后，忘情庆祝的热刺球员和倒地不起的阿贾克斯球员

阿贾克斯更衣室

路易斯·苏亚雷斯
（Luis Suarez）

乌拉圭国脚，"阿贾克斯出品"的著名代表。作为一名锋线杀手，苏亚雷斯是所有后卫的噩梦，他总能把握住稍纵即逝的机会，利用后卫最细小的失误改写比分。

　　苏亚雷斯旺盛的求胜欲，有时甚至让人感觉有些不择手段，比如在2010年南非世界杯的比赛中，苏亚雷斯眼看着皮球即将越过门线而本方门将已然无力扑救，于是拼尽全力用手将必进球拍出球门，他虽因此被直接红牌罚下，却为球队争取了一线生机，最终球队也因此晋级。一瞬间从悲痛欲绝到欣喜若狂，苏亚雷斯表情转换之快也令人叹为观止。

　　苏亚雷斯还是著名的球场"恶汉"，2014年巴西世界杯同意大利的比赛中，他生吃（字面意思）对手后卫基耶利尼的画面令人记忆犹新，有人说他对获胜的渴望已经到了精神不正常的地步。不过，场下的苏亚雷斯生活美满幸福，他与自己15岁时的初恋女友结婚并育有一个女儿，是生活中的好爸爸和好丈夫。所以他在场上的恶汉举动究竟是精神"错乱"还是有意为之，就只有苏亚雷斯本人知道了。

克里斯蒂安·埃里克森
（Christian Eriksen）

丹麦国脚，虽然身体对抗能力偏弱，但胜在脚下技术细腻，球商很高，善于发现和创造进球机会，被誉为"球场上的艺术家"。效力于阿贾克斯的5年间，埃里克森通过优异表现获得了外界的广泛认可，并于2013年转会至英超球队托特纳姆热刺。埃里克森在热刺表现出色，很快便成为热刺和丹麦国家队共同的中场核心。

因为名字的发音，加上生日正好是2月14日，埃里克森在球迷中有"爱神"的昵称。埃里克森的职业生涯在2021年遭遇了重大打击，在欧洲杯一场比赛的最后时刻，他在完全没有对抗和干扰的情况下突然倒地不起并被紧急送医，最终被诊断为心脏骤停，不得不植入心脏除颤器。因为意甲联赛不允许这样的球员登场比赛，刚刚转会至国际米兰的他不得不离开意甲到英超联赛的下游球队寻找机会。不过"爱神"对足球的热爱让他渐渐恢复了状态：2022年3月15日，埃里克森在9个月后再度回归丹麦国家队，不出意外的话，我们在卡塔尔世界杯上还能看到这位坚强的丹麦人的身影。

一座先进的奇特球场

约翰·克鲁伊夫竞技场建成于1996年，在此之前，阿贾克斯俱乐部一直以迪美亚体育场（De Meer Stadion）作为主场，球队的辉煌成绩大部分也是在这里创造的。不过，球场的容量较小，安全性也较差，于是，建造一座新球场的计划就被提上了日程。

另一方面，虽未能成功申办1992年奥运会，但阿姆斯特丹市政府并未放弃修建一座大型体育场馆的计划。于是俱乐部和市政府一拍即合，新球场于1993年11月开工建设，由建筑师罗伯·舒尔曼（Rob Schuurman）担纲设计。

1996年8月14日，球场建成，并由当时的荷兰女王贝娅特丽克丝（Beatrix der Nederlanden）亲自剪彩。新球场被命名为阿姆斯特丹竞技场（Amsterdam Arena），这个名字用了二十余年。

2016年3月，一代传奇球星约翰·克鲁伊夫因肺癌离世。为了纪念他对荷兰足球和阿贾克斯俱乐部做出的贡献，2018年3月球场被更名为约翰·克鲁伊夫竞技场并沿用至今。

从空中俯瞰，约翰·克鲁伊夫竞技场神似一只足球鞋的前半部分，而这只"足球鞋"的鞋带便是球场的可开闭式屋顶了。遇到极端天气时，独特的屋顶结构可以保证球场顶棚在十几分钟之内就完全关闭，给现场观众带来更好的观赛体验。

不过，可关闭的屋顶也给球场的草皮养护带来了很大挑战：因长时间无法晒到太阳，草皮经常枯死，每年都要更换数次。为了解决这个问题，起初，设计师甚至想出了用轨道将整块场地移出球场外以接受日光照射的方案——不过这个方案并未实现。最终的解决方法是，用场内的照明设备不间断地照射草皮以帮助其生长，这起到了一定的效果。如今，球场的草皮每年只需更换一次。

正在移动中的球场顶棚

从球场下方穿过的公路

在球场内部，比赛场地的正下方是一座巨大的停车场。而Burgemeester Stramanweg大道又从停车场的正下方穿越球场而过，足球场也因此拥有了"上中下"三层结构，加上前面提到的可开闭式屋顶，整座球场显得复杂而立体，处处透着精妙的设计，令人叹为观止。

球场四周的观众席分为上下两层，绝大多数座椅的颜色均使用了阿贾克斯队服中传统的红色，球场内因此显得鲜艳夺目。

球场在建成之初就已拥有5万人以上的容量，经过多年的修补，现在容量已增至56,000人左右。除去体育赛事，球场内还经常举办演唱会等大型活动，包括迈克尔·杰克逊和大卫·鲍伊在内的众多著名音乐人都曾在这里演出，而当观众坐满整片草皮时，球场的容量能达到68,000人之多。

约翰·克鲁伊夫竞技场早在2000年就曾举办过欧洲杯的比赛，21年后，（延期一年的）2020欧洲杯（Euro2020）再次来到这里，共有3场小组赛和1场淘汰赛在此进行。作为球场在这届欧洲杯中举行的最后一场比赛，威尔士队与丹麦队在这里上演了一场精彩的对决，最终丹麦队以4：0战胜对手，昂首挺进8强。4个进球甚至比丹麦队在小组赛三场比赛中的总进球数（3个）还要多，可以说是赢得酣畅淋漓。

欧洲杯的赛制
球迷不用看

欧洲杯正赛共有24支球队参加，他们被分为6个小组进行单循环比赛。和世界杯一样，每组积分前两名的球队可以直接晋级淘汰赛，但仅有12支球队晋级，无法满足淘汰赛所需（16支球队），因此除去每组前两名之外，4个成绩最好的第三名也可以晋级淘汰赛，这使得欧洲杯小组出线形势成了一道比世界杯小组出线形势更复杂的数学题。

喧嚣过后，一切又将归于平静，让我们期待着未来更多精彩的比赛在这里上演吧。

一次过瘾的球场之旅

对于想要去现场参观的游客，约翰·克鲁伊夫竞技场提供了多种参观套餐供选择，游客可以在球场官网（johancruijffarena.nl/en/stadium-tour）中选定行程并购买门票。普通的球场之旅（Stadium Tour）门票价格是16欧元。首先会带你到二层看台感受球场的壮观，然后依次进入更衣室、球员通道和替补席，像球员一样感受这座球场，再借助虚拟现实技术体验一把真实比赛的感觉，最后参观阿贾克斯博物馆和名人堂，与球队曾经的辉煌合个影，并对伟大的约翰·克鲁伊夫做一个更加深入的了解。

如果你想要一对一的专人讲解并且在VIP包厢里大快朵颐的话，还可以选择VIP球场之旅（VIP Tour），其他内容和球场之旅套餐基本一致，价格是45欧元。

体育场官网还提供了阿姆斯特丹运河游船和球场之旅的套票，让你一次玩个过瘾。

如果想要去现场观看比赛的话，可以在球队官网（tickets.ajax.nl）预订球票。

最后，官方球迷商店的入口就在球场西侧的公路下方，这里的面积超过640平方米，是全欧最大的球迷商店之一。

到达球场

约翰·克鲁伊夫竞技场位于阿姆斯特丹南郊，交通非常便利，从市区乘坐地铁50线或54线到Amsterdam Bijlmer ArenA站即可，车程大约20分钟。球场与站台的距离只有几百米，下车后穿过球场附属的商业街就可到达。顺带一提，Amsterdam Bijlmer ArenA车站本身也是一座非常漂亮的建筑，有时间的话不妨也在这里拍拍照片。

周边餐饮及购物

约翰·克鲁伊夫竞技场所在的位置是一个大型商业综合体，球场西侧的马路对面便有一座大型购物中心Woonmall Villa ArenA，这里可以满足你的一切购物欲。从球场向东穿过铁路之后，能到达名为Amsterdamse Poort的商店街，街两侧大大小小的店铺让人感到浓浓的生活气息，来这里融入本地人的日常生活吧！

最后，体育场内部也有酒吧、咖啡馆和餐厅，在Sky Bar一边喝酒一边看球，或者去House of Legends吃上一顿印度尼西亚菜，都无比享受。不过，在球场里吃饭就别太在意价格了。

阿贾克斯球迷商店

©Mojito

Amsterdam Bijlmer ArenA车站内景

周边景点

球场南边的马路对面是**喜力音乐厅**（AFAS Live），经常有各种演出上演，参观球场之余也不妨来这里转转。

穿过球场东边的铁路之后一路向东走，就能到达**纳尔逊·曼德拉公园**（Nelson Mandela Park）。平时它是周边市民休闲运动的场所，每到夏天，这里都会举行包括音乐节在内的多场大型庆典活动，热闹非常。

继续向东南方前进，Gaasperplas湖畔还有一个宠物公园（**Dog Beach Gaasperplas**），在这里和狗狗们一起奔跑吧。

除此之外，球场周边也如同阿姆斯特丹其他地方一样，纵横的河道与城市融为一体，漫步河边，和慢跑中的本地人打个招呼也是非常惬意的。作为新建城区，球场周边能找到许多非常漂亮的现代建筑，对建筑感兴趣的人一定会大饱眼福。

最后，从球场一路向西走，阿姆斯特丹郊区的田园风光近在眼前，来这里拥抱大自然也是不错的选择。

喜力音乐厅

球场附近的居住区

阿姆斯特丹街头风景如画

约翰·克鲁伊夫竞技场周边

1. 约翰·克鲁伊夫竞技场   **5.** Woonmall Villa ArenA

2. 喜力音乐厅   **6.** Amsterdamse Poort

3. 纳尔逊·曼德拉公园   **7.** Amsterdam Bijlmer ArenA站

4. Dog Beach Gaasperplas

秋日的球场旁也是一片金黄

　　阿姆斯特丹的气候温暖湿润，春天来此欣赏郁金香，或者在夏日的街头骑行都是游玩的好方法，而如果想要更深入了解这座城市，就一定要想办法融入当地人的生活了，比如，来约翰·克鲁伊夫球场看场球赛吧，绝对让你不虚此行。📱

北国的银色贝壳——
札幌穹顶体育场

©144343S · pixabay

位置：
1 Hitsujigaoka,
Toyohira Ward,
Sapporo, Hokkaido
062-0045, Japan

容量：

41,566
（固定坐席）

　　足球比赛场地通常都是露天的，虽然偶有极端天气，但正常情况下自然流通的空气更有助于球员发挥。不过在寒冷的北国，事情就会有些不一样，一群身着短袖短裤的运动员在漫天大雪中奔跑的画面，想想就会让人为他们的身体健康捏一把汗。想要不受干扰地进行足球比赛，可能唯有像位于北海道首府札幌的札幌穹顶体育场（札幌ドーム）一般，将整座球场覆盖在巨大的穹顶下面了。

雪海中的银白色贝壳

克洛泽的空翻给许多人留下了深刻的印象

札幌穹顶体育场是日本政府为举办2002年韩日世界杯所修建的众多足球场之一。

球场于1998年开工建设，并于2001年6月落成，随后这里举行了多场世界杯赛事，德国队8∶0战胜沙特阿拉伯，克洛泽上演帽子戏法并凌空翻腾一周就是在这座球场上演的。

世界杯结束后，这里成为日本职业足球联赛（J联赛）球队札幌冈萨多（北海道コンサドーレ札幌）的主场，继续活跃在足球舞台上。

2002韩日世界杯
球迷不用看

2002年韩日世界杯，是迄今为止唯一一次在亚洲举行且首次由两个国家共同承办的世界杯。最终巴西队在决赛中2∶0战胜德国队，第五次夺得世界杯的冠军。中国球迷对这届世界杯颇为熟悉——中国队史无前例地打入世界杯正赛。虽然当时的舆论普遍认为中国队能打进世界杯纯靠一手好签。但时隔20年再回想，那支中国队也的确是多年以来最强的，甚至能在与巴西队比赛的开始阶段与对方杀得有来有回并差点破门（肇俊哲的射门击中立柱）。当然，中国队的实力与世界先进水平还有较大的差距，几场比赛的结果也证明了这一点。

赛后的中国球员和巴西球员

穹顶设计

北海道的冬天总是风雪交加，美丽的雪景也是北海道的旅游亮点之一，但恶劣的天气也使得足球比赛几乎不可能在室外进行。为了解决这个问题，最终修建在札幌的这座体育场选择了全封闭式的设计，整座球场被一个巨大的穹顶完全覆盖，不管外面天气如何，球场内都可保持适宜的温度，这也给在札幌市内举办大型活动带来了很大帮助。

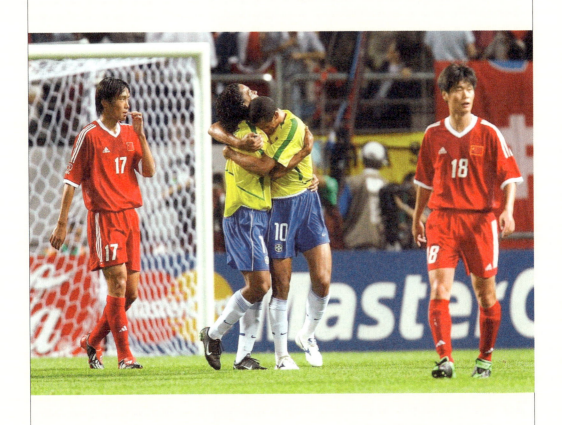

球场穹顶采用流线型设计，一边高一边低，从远处看好像一个巨大的银白色贝壳。值得一提的是，穹顶的流线型造型不仅好看，还能方便冬季除雪：借助北海道冬天强劲的西北风，穹顶上的积雪可以轻易地沿着斜面向四周滑落，这大大降低了除雪工作的难度。

札幌穹顶体育场的占地面积达到305,230平方米，固定坐席数为41,566席，加上一些可伸缩的移动坐席，体育场在比赛时的容量约为42,000人。除去足球赛，体育场内还会进行棒球比赛，毕竟棒球才是日本的国民运动。而当体育场调整为棒球模式时，其最大容量也会增加。从2004年起，这里成为日本职棒大联盟球队北海道日本火腿斗士（北海道日本ハムファイターズ）的主场。

日本人民对棒球运动的喜爱由来已久，也许是棒球比赛中全力挥击和奋力奔跑的画面非常符合人们心目中对热血和青春的定义吧。每年的夏季甲子园大会（全国高等学校野球选手权大会，日本将棒球称作"野球"）可能是日本国内关注度最高的体育赛事，从各地预赛中脱颖而出的高中棒球队在阪神甲子园球场展开捉对厮杀，高中生们在赛场上挥洒汗水，场下的观众一边为他们叫好一边追忆往昔。许多文艺作品中都能找到对这项赛事的描写，比较著名的如安达充的漫画*Touch*等。

除去体育赛事，全封闭的体育场也非常适合演唱会等活动的举行，包括SMAP和岚（ARASHI）在内的众多著名艺人都曾在这里演出，体育场的最高上座纪录便由岚保持。

 足球模式 ⇄ 棒球模式

2020年东京奥运会

历经一年的波折,命途多舛的2020东京奥运会终于在2021年"如期"开幕了,承办了其中数场足球比赛的札幌穹顶体育场也成为这届赛事中距离东京最远的比赛场地。在韩日世界杯结束近20年之后,这座现代化的全封闭式体育场再一次进入了全世界观众的视野。

奥运会中的足球比赛

球迷不用看

作为一项综合性体育赛事,奥运会上自然也少不了足球的身影。奥运足球赛的赛制与世界杯大体相同,不同之处在于:参加奥运会的各国代表队均由该国U23(23岁以下)青年队加上几名超龄球员组成,许多高水平运动员因而没有办法参赛,这使得奥运足球比赛的精彩程度和关注度都与世界杯有一定差距。

话虽如此,奥运会足球赛的金牌仍然是许多人心目中所有奥运项目金牌里分量最重的那个(毕竟要发二十多人份的),也是许多年轻球员展现自己的舞台。

通常,奥运会的主办城市很难满足足球赛事对场地数量的需求,因此许多比赛都会在其他城市的"分会场"进行。在东京奥运会中,承办足球比赛的城市除去东京,还包括横滨、琦玉、鹿岛、仙台和札幌。

掀起了你的……草皮来

看过前面约翰·克鲁伊夫竞技场文章的读者可能还记得,对于这类封闭式的体育场来说,最大的挑战不在于建筑工程本身,而在于后续的草皮养护。对此,札幌穹顶体育场的做法可谓简单粗暴:既然草皮在室内晒不到太阳,那就直接把场地推到室外好了。

于是,在约翰·克鲁伊夫竞技场没能实现的设想在札幌变成了现实,由川崎重工设计并建造的这块场地长120米、宽85米,底座和草皮的总重量达到8300吨,下方安装了总计34只驱动轮,可通过气压将场地抬升7.5厘

正在移动中的足球比赛场地

米，之后以每分钟4米的速度移动。配合球场一侧伸缩式看台和看台后的巨大闸门，场地就这样在体育场移进移出，转移的过程也成了体育场的游览项目之一。

加油

85m
120m
4m/min
底座和草皮
总重8300吨

体育场在进行棒球比赛时会使用人工草皮，当需要从棒球模式切换为足球模式时，首先会以专用卷草皮机将人工草皮卷起收走，之后球场一侧的可伸缩看台收至固定看台下方，看台后面的大门打开，足球比赛场地移入体育场内并旋转90°。整个过程非常有意思，想要了解全程可去球场官网（sapporo-dome.co.jp/dome/hovering/）观看视频。

独特的场地设计使得这里能够举办一些其他体育场无法举办的活动，比如在冬天，体育场可以变身为一座同时拥有室内和室外区域的大型滑雪场。

不过，可移动的场地有时也会带来麻烦。因为下方复杂的结构，整块场地大约比周边的地面高出3米，2019年的一场比赛中，打入3球的巴西球员安德森·洛佩斯（Anderson Lopes）激动地想要翻过场边广告牌与现场球迷一起庆祝，但是他没想到广告牌与观众席之间是一个3米深的大坑，结果整个人掉了下去，还好并无大碍，甚至在随后的比赛中打进一球。这个故事告诉我们激情庆祝之前一定要先好好了解一下比赛场地，比如，看一看我们这本《旅行没有方法论——咻》。

在体育场内外滑雪

展望台和体育场之旅

北海道的旅游业非常发达，许多设施在建造之初就考虑到了未来的旅游需求，札幌穹顶体育场也不例外。体育场穹顶上部距地面53米处建有一个圆筒形展望台，四周皆以玻璃覆盖，视野非常开阔。

展望台分为室外和室内两部分，游客站在这里便可饱览札幌市区美景，同时俯瞰整座体育场，到达展望台乘坐的"空中扶梯"就在体育场看台上方，也是这座体育场内的标志性景观之一。

除去展望台，体育场也提供了传统游览服务，可以参观包括看台、更衣室、球员通道和陈列馆在内的体育场各主要设施，并配有专业的讲解员，参观票价成人1050日元、儿童（初中生及以下）550日元，包括登上展望台在内的套票价格则是成人1250日元、儿童700日元。

体育场内经常举行各种活动，这时体育场之旅和展望台也会停止营业，因此，在去现场参观之前，请务必在官网的日程表页面sapporo-dome.co.jp/schedule/确认当天体育场的运营状况。日程表页面中还以绿色注明了进行场地转换作业的日期，对此感兴趣的话，千万不要错过。

场地转换

足球: 北海道札幌冈萨多 vs 大阪樱花

棒球: 北海道日本火腿斗士 vs 欧力士野牛

活动: JFA UNIQLO Soccer Kids in 札幌穹顶体育场

官网日程表截图，详细介绍了每一天的日程

展望台内景

从远处看，穹顶上的展望台就好像在贝壳上插了一根刚冒头的吸管

札幌穹顶体育场周边

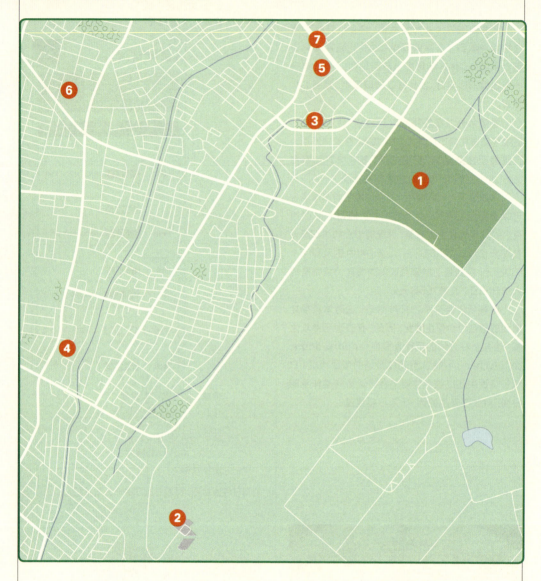

1. 札幌穹顶体育场
2. 札幌羊之丘展望台
3. 福住小川公园
4. 西冈八幡宫
5. 伊藤洋华堂福住店
6. AEON札幌西冈店
7. 福住地铁站

到达体育场

札幌穹顶体育场位于札幌市南郊，交通还算便利，从JR札幌站乘坐地下铁东丰线至终点站**福住站**，下车后向南步行约10分钟便可到达。

除此之外，每当有比赛或者演唱会等大型活动举行时，会有专门的摆渡巴士从更远处的JR白石站以及地铁南北线平岸站通往这里，不过摆渡巴士是收费的，票价是210日元。

札幌不算大，从JR札幌站到福住站乘地铁大约只需要一刻钟，下车之后在体育场周边转转，体会一下当地人的生活也是个不错的选择。

周边餐饮及购物

札幌的郊区安静优美，体育场周边的一排排日式一户建（独立民居小别墅）之间隐藏着许多饭馆和小店。漫步其间，随心所欲地吃吃喝喝也是体会札幌风情的好办法！如果不想漫无目的地闲逛，大型购物中心**伊藤洋华堂福住店**（イトーヨーカドー福住店）就在地铁福住站的出口处。除此之外，体育场西入口内还有几家小店，不管是球迷商品还是各式伴手礼在这里都可以买到，球场内还开设了数十家小吃摊位，售卖来自日本各地的美食，有快餐，也有拉面，总之不会让你饿着肚子看比赛。

周边景点

札幌穹顶体育场所在的位置曾经是日本农林水产省设在北海道的甜菜试验场，时至今日，其周边依旧是一副田园风光，与附近的城镇景色形成了鲜明对比。

体育场南侧是著名的**札幌羊之丘**，站在这里就可以俯瞰整个札幌的美景，羊之丘展望台上"北海道开拓之父"威廉·史密斯·克拉克（William Smith Clark）的雕像非常出名，是札幌的地标之一。

> 克拉克博士是札幌农学校（现北海道大学）的第一任教员，他于明治九年（1876年）来到札幌，教授动物学、植物学以及英语等课程，虽然只执教了短短8个月，但给北海道的农业开发培养了一大批中坚力量。临别时，他留给前来送行的学生 "Boys, be ambitious" 的名句，也成为北海道大开发时期许多人的座右铭。

除此之外，体育场周边还有许多小公园，如地铁福住站旁的**福住小川公园**，或者向西一点的**西冈八幡宫**等，旅途中来这里歇歇脚，呼吸一下新鲜空气也会感到非常惬意。

伊藤洋华堂福住店

威廉·史密斯·克拉克雕像，远处也能看到札幌穹顶体育场

体育场附近的画风大概是这样

西冈八幡宫

夏日的球场周边一片郁郁葱葱

　　一年四季，无论何时来到札幌都有美景在等待你。而坐落在市郊的这座令人惊叹的体育场，则可以让人从另一个角度了解这座美丽的城市，体育场的宏大和精巧一定会令你印象深刻。不管对足球是否感兴趣，札幌穹顶体育场都会给你的札幌之行添上美妙一笔。🏞

袖珍小国里的精巧体育场——
摩纳哥路易二世体育场

©MjayW · Pixabay

路易二世体育场及其背后的摩纳哥公国

位置:
7,avenue des
Castelans 98000
Fontvieille, Monaco

容量:

16,360

　　在寸土寸金的城市中心区通常容纳不下大型体育设施,于是"距离中心城区和著名景点都较远"往往成了它们绕不开的标签。那么,有没有哪座著名体育场就在市中心呢?偶尔也是有的,比如本文的主角。它距离所在国家的绝大多数著名景点的直线距离都不超过2公里,位置就在闹市区,身旁便是万豪酒店,出门左转200米就有豪华的游艇码头……没错,它就是位于世界第二小国——摩纳哥公国的路易二世体育场(Stade Louis Ⅱ)。

1924年成立
**摩纳哥
足球俱乐部**
（AS Monaco FC）

球队主场
**路易二世
体育场**
（Stade Louis II）

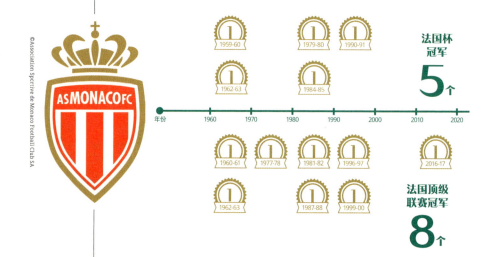

©Association Sportive de Monaco Football Club SA

**法国杯
冠军**
5个

年份　　1960　1970　1980　1990　2000　2010　2020

1959-60　　1979-80　1990-91
1962-63　　1984-85

1960-61　1977-78　1981-82　1996-97　　2016-17
1962-63　　　　1987-88　1999-00

**法国顶级
联赛冠军**
8个

起起伏伏的
法甲
"外来者"

　　路易二世体育场是摩纳哥足球俱乐部（AS Monaco FC）的主场，弹丸之国摩纳哥并没有自己的联赛，于是摩纳哥足球俱乐部从职业化之初便加入了法国的联赛体系。作为外来者，摩纳哥队的战绩颇为不错，总共拿到了8个法国顶级联赛（法甲联赛）冠军和5座法国杯冠军，不知法国人民作何感想。

1924年
球队成立

　　球队成立于1924年，由当地的多家俱乐部合并而来，球队隶属于摩纳哥体育协会（Association Sportive de Monaco），是体育协会下辖的几十家运动协会之一，事实上，由于体育协会中的足球分会成立于1919年，俱乐部官方一直坚称自己的成立时间也应是这一年，不过这一说法并未获得大众承认。

1933年
加入法国的职业
联赛体系

　　1933年，俱乐部应法国足协之邀加入法国的职业联赛体系，花费了整20年时间升入最高级别的法甲联赛。之后几十年间，球队拿到了数个法甲联赛和法国杯的冠军。

俱乐部的早年岁月

1987年
在欧洲赛场取得成功

俱乐部在欧洲赛场为人们所熟知则要到1987年阿尔塞纳·温格（Arsène Wenger）成为球队主教练之后，在他和继任者的带领下，球队多次闯入洲际赛事的淘汰赛甚至决赛。

2004年
闯入欧洲冠军联赛的
决赛，屈居亚军

2004年，在法国主帅德尚的带领下球队一路过关斩将，先后淘汰了强大的皇家马德里和切尔西，闯入欧洲冠军联赛的决赛，这也是迄今为止球队在欧洲赛场上的最高光时刻。

不过在决赛中他们败给了穆里尼奥带队的波尔图，屈居亚军。带队夺冠的穆里尼奥自此跻身名帅行列，其教练生涯始终位于世界足球舞台的中心，而亚军摩纳哥队及其教练德尚则很快被人们遗忘，竞技体育大概就是这么残酷，毕竟：

2nd

"你拿到了第二，你什么都不是。"

短暂的辉煌之后，球队遭遇了财政危机，经历了降级和被托管的多重打击，最终不得不将自己卖给俄罗斯富豪德米特里·雷博洛夫列夫（Dmitry Rybolovlev），那之后虽然也曾试图做大做强，但几次大手笔投资都算不上太成功，最终球队还是找准了自己的定位：从全世界寻找优秀的年轻球员，加以培养之后转卖给各路豪门。

神奇的
2016-17赛季

于是，每当一批球员成长起来，球队便会大杀四方、技惊四座，最近的一次发生在2017年，以基利安·姆巴佩（Kylian Mbappé）为代表的一批优秀年轻球员震惊了全世界，他们不仅在法甲联赛中力压不可一世的巴黎圣日尔曼夺得冠军，更是在欧冠中闯入四强。赛季结束，球队将这批年轻球员高价转手（其中姆巴佩的转会费达到令人咋舌的1.8亿欧元），赚得盆满钵满，代价就是下赛季的成绩一落千丈，球队差点降级。

1.8亿欧元
姆巴佩的转会费

球员在路易二世体育场
中进行比赛

2016·17赛季的欧冠赛
场，庆祝进球的贝尔纳
托·席尔瓦、姆巴佩、法
比尼奥、巴卡约科和勒
马尔等人，如今这批球
员早已各奔东西

　　一年前还是联赛冠军、欧冠四强，一年后却只能为保级而战，
这样大起大落的经历恐怕也只有在摩纳哥这种球队身上才能见
到了，不过球队倒也并不在乎，毕竟能把自己的球员卖出此等天
价，对于一家中等规模的球队来说已是非常成功了。

基利安 · 姆巴佩
（Kylian Mbappé）

法国国脚，摩纳哥青训的杰出代表，18岁时首次代表摩纳哥一线队登场，19岁时便在欧冠赛场上大放异彩，数次凭一己之力带领球队前进，20岁时随法国国家队参加世界杯并最终捧杯，可谓主角光环拉满。

　　姆巴佩拥有一个顶级前锋所能拥有的全部特质：飞快的奔跑速度，超强的对抗能力，过硬的脚下技术以及一颗雄心勃勃、自信满满的大心脏。无论内行外行，他的天赋大家都看在眼里，于是在2016-17那个神奇的赛季过后，拥有强大"钞"能力的巴黎圣日耳曼俱乐部以近2亿欧元的天价将他招致麾下。多年后的今天，姆巴佩已经成为世界身价最高的球员（来源：德国转会市场网站），没有之一。

　　姆巴佩的外形与《忍者神龟》中耍棍子的多纳泰罗颇有几分神似，你能在互联网上找到许多与之相关的改图。姆巴佩本人对这个看法似乎也并不抵触，其双手交叉至胸前的独特庆祝动作据说就是从这里来的（并无信源）。

葡萄牙国脚，从摩纳哥走出的另一名高水平球员。作为一名中场球员，席尔瓦能胜任从边路到中路的多种位置，拥有优秀的技术、开阔的视野和强大的阅读比赛能力，可以在快速的攻防转换中通过精妙的传球撕开对方防线，是球队进攻的发起者和组织者。

　　经历了2016-17赛季在摩纳哥的一鸣惊人，席尔瓦收到了另一支拥有强大"钞"能力的球队——曼彻斯特城队伸来的橄榄枝。来到英格兰的葡萄牙人并没有水土不服，他迅速坐稳了主力位置，四年间为球队三夺英超冠军，立下了汗马功劳，至今仍是这支英超霸主的中场核心之一。

　　作为葡萄牙人，席尔瓦的英语说得非常好，这可能归功于他早年曾被父母送至英语学校就读。于是，在一些拉丁球员来到英伦还需要靠手语和队友沟通的时候，席尔瓦已经可以和队友谈笑风生了。

半个国家都坐得下

摩纳哥足球俱乐部从1939年起便以旧路易二世体育场为主场，这座以前摩纳哥亲王的名字命名的体育场为球队服务了超过40年。

体育场为球队服务超过 **40**年

填海扩领土 面积超10%

年份 1939
摩纳哥足球队以路易二世体育场为主场

1981
填海造地兴建新的综合性体育场

1985
竣工并延续"路易二世"的名字

1981年，在兰尼埃三世亲王（对，就是摩纳哥王妃格蕾丝·凯利的老公）的授意下，摩纳哥政府决定兴建一座新的综合性体育场。鉴于摩纳哥公国土地极度短缺的现状，新体育场所在的土地是由政府填海造地而来——这次填海使得摩纳哥公国的领土面积扩大了10%以上。1985年，体育场竣工并延续了"路易二世"这个名字。

50000⁺人
观众容量
其他大型运动场

18523人
观众容量
路易二世体育场

> 6成
全国常住人口

体育场看台的雨棚全部以红砖砌成，与周围建筑的风格非常统一，巨大的体育场与周遭的酒店和居住区摆在一起也并不显得突兀。为了不打破周围的建筑格局，体育场的整体高度相较于其他大型体育场要低上不少：观众席的总容量只有18,523人，这与其他体育场动辄超过50,000人的容量相比显得微不足道，不过这个数字已经超过摩纳哥全国常住人口的六成了，可以说"半个国家都能坐进来"。

砖红色的雨棚与周围建筑的风格颇为统一

体育场西侧看台的后方，9座巨大的拱门一字排开，非常醒目，是路易二世体育场的标志之一。拱门下方的马路对面就是法国领土了，事实上，体育场有一部分附属建筑就位于法国境内，对于世界上第二小的国家来说，这也是无奈之举。

体育场一侧的拱门非常醒目

体育场虽小，举办比赛的规格可一点都不低，从1998年到2012年，连续15年的欧洲超级杯比赛（欧冠冠军对阵欧联杯冠军）都在这里进行。

让人又爱又恨的欧联杯

球迷不用看

不同国家联赛的球队想比比谁更强，就只能靠参加各种洲际赛事了，为此便有了欧洲冠军联赛（欧冠）和欧足联欧洲联赛（欧联）：欧冠由各国联赛中排名前几的球队参加，欧联则把名额留给其他中上游球队。曾经在欧冠之外有数个次一级的洲际赛事，最终它们都被合并进了欧联杯之中，这使得欧联杯的规模较欧冠更为庞大，球队想要夺冠需要（比参加欧冠）多踢两场淘汰赛。参加欧冠的球队大多位于足球运动较为发达的西欧，而欧联的参赛队伍有许多来自东欧以及更远的地方（2019年，曼联队曾在欧联杯中远征哈萨克斯坦），比赛前后的舟车劳顿经常会给球队在国内联赛中的表现带来影响，加之欧联的奖金不高，许多强队对参加这项赛事并不太感兴趣。不过欧联杯的冠军会获得下一赛季欧冠的参赛资格，在激烈的竞争中"落榜"欧冠的强队可以借此"曲线救国"，白白放弃又有些可惜。欧联杯是许多中小球队在国际舞台上展现自己的唯一机会，而各路豪强却要为是否在欧联杯比赛中全力以赴头痛不已。

2007年的欧洲超级杯比赛中，为了纪念之前因为心脏病去世的塞维利亚球员安东尼奥·普尔塔（Antonio Puerta），双方（AC米兰和塞维利亚）球员的球衣身后都印上了他的名字，这也成为超级杯历史上著名的温暖画面之一。

欧联杯标志

作为摩纳哥境内可能是唯一的综合性体育设施，在路易二世体育场自然也不能只进行足球一项运动，场地的四周有专业的田径跑道，一侧看台的下方还隐藏着一座有1700个坐席的专业体育馆，可以举行篮球、排球和手球等项目的比赛。这座体育馆也是摩纳哥篮球俱乐部的主场。

另一侧看台的下方则是一座拥有两个泳池和一个跳水池的游泳中心，包括国际泳联的各级专业赛事在内的多项比赛会在这里举行。不过受限于环境，这里的跳水池最高只有5米跳台。

大型运动场馆之外，体育场内还有许多其他的小型体育设施，包括柔道馆、武术馆、拳击馆、击剑馆、乒乓球室、壁球室和举重室等。摩纳哥体育协会所属的超过30个运动分会都将自己的总部设在了这座体育场内，体育场的地下空间被利用到了极致。

风景优美的摩纳哥训练场

摩纳哥狭小的国土内能容纳一座专业的体育场已是非常不易，至于足球队的日常训练就只能去法国找地方了，好在摩纳哥北边的法国境内到处都是山，有的是地方可选。最终训练场被修建在了拉蒂尔比（La Turbie）的一座采石场旧址上。采石场曾经为建造摩纳哥大教堂提供过石材，多年的开采使得山顶的一半直接被削为平地，正适合被改建成足球场。幽静的群山之间层林尽染，登高远眺，美丽的蔚蓝海岸尽收眼底，这座建在山顶的训练场也因此被评为世界上风景最美的足球场之一。只不过要是一不小心把球踢飞了，那可能得需要点野外生存用具才能把球找回来了（还是别找了）。

观赛及参观体育场

　　也许是因为摩纳哥足球俱乐部较为宽松的财政状况（也可能是因为本地的娱乐活动太多导致没什么人看球），路易二世体育场的球票可能是全法甲最便宜的，除去一些重要的比赛，在官网上预订球票最低只要10欧元，最贵一档的球票价格也不过70欧元左右，与某些在自己官网上高价贩卖黄牛票的球队形成了鲜明对比（详情请参见本书第39页）。除去一些热门的场次，在比赛当天你仍然可以在球队官网上买到大部分位置的球票，价格也不会有什么变化，购票网址是billetterie.asmonaco.com/en/matchs。本地球迷的观赛热情大概也就是这个水平了。

　　如果只是想来这里参观一下的话，也可以购买参观门票，价格是成人5.4欧元。需要注意的是体育场只在每年的6月1日至9月30日开放参观，且对参观时间也有限制，详情可参考体育场官网stadelouis2.mc/infos-pratiques。

到达体育场

　　路易二世体育场地处繁华的摩纳哥城区，交通非常便利，无论是从法国还是意大利前往都很方便。庞大的TER铁路网络每天都有多班列车经停摩纳哥境内唯一的火车站——**摩纳哥蒙特卡洛站**（Monaco Monte Carlo），从这里乘坐摩纳哥巴士公司（Autobus De Monaco）运营的公交L4线，十几分钟就可以抵达体育场。事实上，虽然从火车站到体育场有1.5公里左右的距离，但基本全程都是下坡路，还算好走，漫步摩纳哥街头，吹一吹温暖的海风也是不错的享受。体育场附属的停车场就在足球场草皮的正下方，自驾前往也不用担心找不到车位。

　　如果你碰巧有一架直升机的话，那从尼斯乘坐直升机到体育场是最快的，全程只需要十来分钟，**摩纳哥直升机机场**就在体育场以南不到400米的海边。

体育场门口的运动雕塑

摩纳哥蒙特卡洛站内景

周边餐饮购物及住宿

　　摩纳哥是购物的天堂，街头随处可见的各式商店绝对会让你眼花缭乱，在这里逛上一圈，你都不知道自己的钱包是怎么空的。当然街边也不全是奢侈品，在体育场东北大约200米外的Jardin de l'Unesco花园周边，有包括迪卡侬和家乐福在内的许多接地气的商超，逛累了各种大牌店也可以考虑来这里转转。

　　摩纳哥的美食大多集中在摩纳哥老城附近，在餐馆**La Montgolfiere**可以品尝到各式美味佳肴，主厨还在菜品中融入了许多亚洲元素，餐馆在本地非常受欢迎，去吃饭总要预约。而**Marché de la Condamine**则出售各种本地平价美食，也是在摩纳哥吃饭比较接地气的一个选择。

　　体育场周边的酒店很多且大多颇为豪华，其中距离最近的是位于体育场南侧马路对面的**万豪摩纳哥之门酒店**（Riviera Marriott Hotel La Porte de Monaco），酒店已位于法国境内，住在这里能欣赏到美妙的海景，代价就是最便宜的时候一晚也要大约300欧元。

　　另外，每年5月摩纳哥会举行**F1（世界一级方程式赛车）大奖赛**，届时本地及周边50公里范围内的酒店客房会遭到哄抢，其价格可能会刷新你的认识。如果可能的话，尽量不要在这个时段前往。

摩纳哥直升机机场

体育场拱门对面的法国境内风景也不错

举行 F1 大奖赛时的摩纳哥街头

路易二世体育场周边

1. 路易二世体育场
2. 摩纳哥老城
3. 摩纳哥海洋博物馆
4. 摩纳哥珍奇花园
5. 蒙特卡洛赌场
6. 丰维耶港

7. 摩纳哥家乐福
8. La Montgolfiere餐馆
9. Marché de la Condamine餐馆
10. 万豪摩纳哥之门酒店
11. 摩纳哥蒙特卡洛站
12. 摩纳哥直升机机场

周边景点

摩纳哥公国境内从南到北最远也不过3公里，于是国内大部分景点距路易二世球场都不超过2公里。摩纳哥有许多值得一去的地方，体育场东北大约500米处、**丰维耶港**（Port de Fontvieille）背后的峭壁之上就是著名的**摩纳哥老城**了，老城里有狭窄蜿蜒的中世纪古道，周边还有摩纳哥大教堂（Cathédrale de Monaco）和摩纳哥亲王宫（Palais Princier de Monaco），它们都是摩纳哥公国的标志。

公国的另一座标志性建筑——**摩纳哥海洋博物馆**（Musée Océanographique de Monaco）矗立在老城以东的峭壁旁，这里有令人叹为观止的水族馆。

体育场西北不到500米的地方是**摩纳哥珍奇花园**（Jardin Exotique de Monaco），这里是世界上最大的多肉植物和仙人掌花园，花园内有许多迷宫般的蜿蜒小径，登高还可俯瞰整座摩纳哥城，景色非常壮观。

举世闻名的**蒙特卡洛赌场**（Casino de Monte-Carlo）在体育场东北大约2公里处，不过来这里的话只是参观一下就够了。

摩纳哥老城中的小巷子

海边的摩纳哥海洋博物馆

从珍奇花园俯瞰摩纳哥城区

©Helena Jankovičová Kováčová · Pixabay

奢华如蒙特卡洛赌场

夜色中的摩纳哥如梦似幻

　　漫步摩纳哥街头，你也一定会惊叹于这个小国的精巧和优雅，在蜿蜒的小巷中兜兜转转，猛然间映入眼帘的这座巨大的体育场就更加令人印象深刻。步入体育场，享受这座城市中不可多得的开阔视野，也能给你的摩纳哥之旅带来非同一般的感受。

足球王国的圣殿，
基督山下的马拉卡纳体育场

位置：
Av. Pres. Castelo
Branco, Portão 3 -
Maracanã, Rio de
Janeiro - RJ, 20271
130, Brazil

容量：

78,838

如果问哪个国家最常被和足球联系在一起，许多人的答案都是巴西，提到巴西，人们首先想到的基本都是足球，足球可以说是巴西的国民运动。人才辈出的巴西国家队获得了5次世界杯冠军，浓厚的足球氛围也让巴西在1950年和2014年举办了2次世界杯。而巴西国家队的主场，曾两度举办世界杯决赛的马拉卡纳体育场（Estádio Maracanã），称得上是巴西足球的圣殿。

圣殿其实不叫马拉卡纳

一张马里奥·费劳的画像

早年马拉卡纳体育场的盛况

在获得1950年世界杯举办权后，巴西政府决定修建一座新的球场。起初，球场的选址和庞大的建设开支引起了很大争议，但是当时在巴西国内享有盛誉的体育记者马里奥·费劳（Mario Filho）支持按原计划修建球场，最终球场的建设工作得以顺利进行并于1950年6月竣工，竣工时球场的容量高达20万人之多，为当时的世界之最。马里奥·费劳是巴西著名体育记者，曾创办了巴西国内第一本体育杂志。他不仅对体育赛事的报道怀有极大热情，同时也会积极参与到体育相关的各种事务中，马拉卡纳体育场能够顺利建成，费劳可谓功不可没。1966年费劳去世后，为了纪念他为球场修建做出的贡献，球场被正式命名为马里奥·费劳体育场，只是由于球场所在地位于里约的马拉卡纳地区，人们便习惯性地称之为"马拉卡纳体育场"，它的大名反而并不为人所熟知。

改造前的马拉卡纳体育场

"马拉卡纳之殇"

建成后的体育场迎来了当时最重要的比赛——巴西和乌拉圭的世界杯冠军争夺赛。

当时世界杯的赛制与现在不同，分为初赛和复赛两个阶段。进入复赛阶段的4支球队捉对厮杀，积分最高者获得冠军。巴西在复赛阶段分别大比分战胜了瑞典和西班牙，乌拉圭则是战平西班牙、小胜瑞典。最后一场比赛，只要巴西不输给乌拉圭，就能拿下世界杯冠军。

也许是巴西队之前的表现太过出色，球迷在开赛之

前就坚定地相信,冠军肯定属于巴西,甚至纷纷提前庆祝。而命运有惊喜就有惊吓,虽然巴西队先打入一球,但是乌拉圭队随后连进两球,最终2:1战胜巴西,获得了冠军。

比分落后,整座球场陷入一片死寂

比赛结束后,容纳近20万人的球场陷入一片死寂。

表现出色的乌拉圭球员在赛后甚至还没庆祝,便纷纷跑回了更衣室,原因是"球场简直变成了一个葬礼现场,他们不敢看那些伤心至极的巴西球迷"。据统计,有若干巴西球迷因不能接受自己的球队失利而当场猝死,还有球迷在之后选择自杀。因无法接受比赛结果而导致如此多球迷死亡,也是实属罕见。一些巴西队的球员因无法忍受球迷的辱骂和唾弃,选择离开里约到其他地区生活。这场比赛还诞生了"Maracanazo"一词,意为"马拉卡纳之殇",专门指代巴西队的这场失利给整个国家带来的巨大影响。

1950年世界杯结束后,马拉卡纳体育场主要举办国内比赛。1992年,在巴西甲豪门球队博塔弗戈和弗拉门戈的比赛中,球场内的上层看台坍塌,导致3人死亡、50人受伤。从那时起,出于安全考虑,体育场能容纳的观众人数从20万骤减至不到10万,且全部都是坐席。

"米内罗之殇"

德国队最终夺得了那届世界杯的冠军

虽然巴西于1950年、2014年举办过世界杯,但是他们却从来没有在本土举办的世界杯上获得过好运气。继1950年的"马拉卡纳之殇"之后,他们甚至没能在2014年出现在马拉卡纳举办的决赛中:在那届世界杯的半决赛中,巴西队令人难以置信地以1:7的巨大比分输给了德国队,这个比分实在太过惊悚,以至于每每有人说起如果能穿越回过去要如何快速发家致富的时候,许多人给出的第一个建议就是"赶快去买巴西1:7德国"。由于这场半决赛在米内罗体育场(Mineirao Stadium)举行,赛后媒体将这场比赛称为"Mineirazo",也就是"米内罗之殇"。

改造后的马拉卡纳体育场，随后这里承办了两项重要赛事，即2014年的巴西世界杯和2016年的里约奥运会，它也成为继墨西哥阿兹台克球场（Estadio Azteca）之后，世界上第二座两次举办世界杯决赛的球场。

1914年成立
巴西
国家队
（Seleção Brasileira
de Futebol）

球队主场
马拉卡纳
体育场
（Estádio Maracanã）

世界杯
冠军
5个

年份 1920 1940 1960 1980 2000 2020

1962
1958 1970 1994 2002
1919 1922 1949 1989 2004
1997 2007
1999 2019

美洲杯
冠军
9个

马拉卡纳
——部
巴西足球史

　　尽管巴西队没能在本土获得世界杯冠军，但他们依然是世界上最优秀的国家足球队，一共获得过5次世界杯冠军，为世界之最，其辉煌的历史在球场内外得以充分展现。在球场正门处，是巴西球员贝里尼高举雷米特杯的雕像。1958年的瑞典世界杯，作为队长的贝里尼率领巴西队第一次获得了世界杯冠军，他手举奖杯的动作也被摄影师拍了下来。为了永久保留这个瞬间，人们根据他捧杯的身影制作了雕像。

下落不明的奖杯
球迷不用看

　　我们现在熟知的世界杯奖杯是大力神杯，但实际上，在早期世界杯的比赛中，奖杯名叫"雷米特"杯，是为了纪念世界杯足球赛的创始者、前国际足联主席儒勒斯·雷米特（Jules Rimet）。其外观也和现在的大力神杯完全不同。雷米特杯的造型为希腊神话中的胜利女神尼凯（Nike），她身着长裙，张开翅膀，托起一只大杯，象征着胜利和荣耀。巴西队曾在1958年、1962年和1970年三夺雷米特杯，按照当时的规则，他们可以永久保留雷米特杯。可惜的是，奖杯在1983年被窃，至今下落不明。如今马拉卡纳体育场展示的是奖杯复制品。

三位曾经获得过世界杯
冠军的巴西国家队队长
手举雷米特杯，右侧就
是贝里尼

球场内部展示着丰富的图文与影像资料，以及各种珍贵的老物件。在这里可以看到巴西5次夺得世界杯冠军时的球员合影和比赛照片。球王贝利曾代表桑托斯队在马拉卡纳踢进了他的第1000粒进球，当时的比赛用球也在这里展出。英国女王伊丽莎白二世和当时的教皇保罗二世曾经坐过的座椅也被保留了下来。大厅中央摆放着马拉卡纳球场当年的设计模型。

虽然贝利在足坛取得了辉煌成就，是巴西足球的代表，但是马拉卡纳体育场的博物馆并没有把贝利放在较为重要的位置。这里展出的3座雕像，一座是为修建马拉卡纳做出贡献的记者费劳；一座是马里奥·扎加洛（Mario Zagallo），他作为巴西国家队的球员和教练一共夺得了4次世界杯冠军；另外一座则是济科（Zico），他球技出众，当时被公认为是贝利的接班人，被称为"白贝利"。作为土生土长的里约人，济科代表里约当地的足球俱乐部弗拉门戈共出场734次，攻入近600个进球，因此在这里有超高的人气也就不足为奇了。

博物馆内另一个重要的部分就是荣誉走廊，地面用花砖砌成了12边形的图案，图案中间镶嵌一块铜板，铜板上刻有各个时期著名球星的名字，铜板旁边则是球星的足印，包括贝利、济科、罗马里奥、罗纳尔多、卡卡等球星的，巴西女足球星马塔是荣誉走廊中唯一的女运动员。

巴西女足球星马塔
手举自己的足印

内马尔
（Neymar）

内马尔有巴西球员的特点，才华横溢，充满想象力。他出身于巴西著名俱乐部桑托斯的青训营，随后被欧洲各大豪门关注。2013年他转会至巴塞罗那，与队友梅西、苏亚雷斯配合默契，组成了恐怖的"MSN"锋线组合，威震欧洲。2017年，内马尔转会至巴黎圣日耳曼，转会费高达2.22亿欧元，创造了球员转会费的新纪录。

然而，内马尔身上也体现了很多巴西球员的共同点：极具天赋但天性散漫，成名之后缺乏进取心。尤其是在他转会至巴黎圣日耳曼之后，他的表现并没有再上一个台阶，还经常参加与足球无关的活动。在2022年5月一场法甲联赛结束之后，他还从巴黎前往蒙特卡洛参加了一场扑克巡回赛，在74名选手中排名第29位。也许在内马尔心中，足球并不是全部，享受生活才是更重要的。

阿利松·贝克尔
（Alisson Becker）

阿利松于巴西国际足球俱乐部出道，2016年转会至意大利的罗马俱乐部。在罗马效力期间，他不仅帮助球队闯入欧洲冠军联赛的半决赛，还获得了意大利足球甲级联赛的最佳门将。他的优异表现也获得了其他豪门的关注，2018年，他转会至英超利物浦，7250万欧元的转会费使他成为当时身价最高的门将。

　　作为守门员，阿利松还能帮助球队绝杀对手。在2020-21赛季利物浦对阵西布罗姆维奇的比赛中，他在第95分钟跑向对手禁区，接到队友开出的角球，头球破门，帮助利物浦最终以2∶1获得胜利。他也成为利物浦俱乐部历史上第一位进球的门将。

　　阿利松出生于一个门将世家，他的父亲是一支业余球队的门将，哥哥则是一名职业门将，曾和阿利松同时效力于巴西国际。2021年初，阿利松的父亲不幸溺水身亡，阿利松也用绝杀西布罗姆维奇的那个进球告慰父亲的在天之灵。

参观马拉卡纳

马拉卡纳体育场已经成为里约的著名景点，购买门票即可参观。

游览持续40分钟，会有导游带领参观挂有各个国家队队服的更衣室、热身区域和新闻发布厅。行程最后，还可以进入球场，坐在场边的替补席合影留念。

若当场购票，团队游价格为成人60巴西雷亚尔，6岁至10岁儿童、学生以及60岁以上老人可享半价；若在tourmaracana.com.br购票，还会有小幅优惠。

里约是名副其实的足球之城，在当地联赛中，弗拉门戈、博塔弗戈、瓦斯科·达伽马和弗鲁米嫩塞这4支球队都来自里约，其中弗拉门戈和弗鲁米嫩塞都将主场设在了马拉卡纳体育场。如果时间合适，你完全可以买一张球票来观看比赛。如果想体验巴西球迷对足球的巨大热情，可以选择南、北两侧的看台座位；如果只是想平静地看比赛而不被其他人打扰，可以选择西侧看台。不过，有时比赛会被安排在其他球场，购买球票前一定要确认一下。

马拉卡纳体育场位于里约北部，距市中心5公里。可乘地铁2号线前往Pavuna方向，在**Maracana站**下车即可。

球场内的通道两侧，记录了球场上珍贵的比赛瞬间

周边餐饮和住宿

马拉卡纳体育场周边有众多就餐选择，其中球场附近的**Aconchego Carioca**提供正宗的巴西菜，还有里约最好的黑豆饭，参观完球场后，可以来这里补充体力。

球场周边住宿选择有限，不过好在球场有地铁与其他地区相连，从里约其他区域来球场十分方便。

周边景点

从体育场向北跨过铁路便能到达举世闻名的**巴西国家博物馆**（Museu Nacional-UFRJ），可惜这里在2018年惨遭火灾，馆内9成展品都被焚毁，目前也只能在远处感叹一番了。博物馆西侧有一个动物园（Bio Parque do Rio），感叹之后也不妨来这里转换一下心情。

著名的**救世基督像**（Cristo Redentor）就在体育场以南不远处，它矗立在海拔700米的基督山上，从里约市各处几乎都能看到其身影。

基督像的南侧是**拉赫公园**（Parque Lage），里面有英式花园和湖泊，还有一座视觉艺术学校，里面会举办免费展览。

拉赫公园再向南是**罗德里戈·弗雷塔斯潟湖**（Lagoa Rodrigo de Freitas），你可以沿7公里长的环湖小道步行或骑行，湖岸还有众多餐馆。潟湖西侧还有一个具有异国情调的**里约植物园**（Jardim Botânico do Rio de Janeiro），园内的亮点包括成排的棕榈树、亚马孙植物展区等，温室内还有多达600种兰花。

从马拉卡纳体育场向东，则是里约另一个著名的景点**塞勒隆台阶**（Escadaria Selarón），智利艺术家塞勒隆用从世界各地搜集来的五颜六色的瓷砖铺成了200多级台阶，来这里参观的人较多，注意脚下安全。

马拉卡纳体育场周边

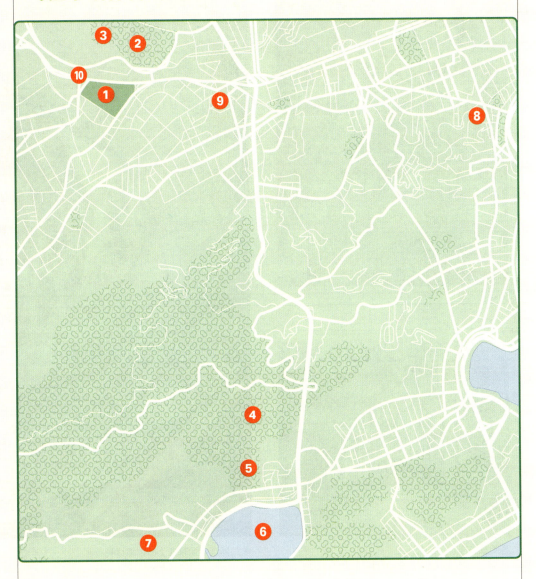

1. 马拉卡纳体育场
2. 巴西国家博物馆（关闭）
3. Bio Parque do Rio动物园
4. 救世基督像
5. 拉赫公园
6. 罗德里戈·弗雷塔斯潟湖
7. 里约植物园
8. 塞勒隆台阶
9. Aconchego Carioca餐馆
10. Maracana地铁站

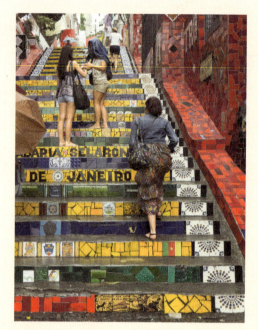

塞勒隆台阶

里约植物园

里约奥运会闭幕式上的璀璨烟花

274

就像那些著名的球场一样，马拉卡纳体育场也经历过数次翻新和改建，但是不变的是这座球场蕴含的巴西足球历史与文化。1950年世界杯决赛，巴西输给了乌拉圭错失冠军；2016年里约奥运会，巴西队第一次获得了奥运会男足金牌。在基督像的注视下，失落与荣耀在这里交替上演，众多球星在这里成名，又在这里告别。在巴西人心中，这座体育场带给他们的意义已远超体育的范畴，它更像是一座具有纪念意义的圣殿，封存了所有与之相关的记忆与怀念。

卡塔尔世界杯球场概览

2022年，世界杯首次来到西亚，主办国卡塔尔为此修建或改建了8座各具特色的体育场，让我们一起来领略它们的风情吧。

❶ 海湾体育场
（Al-Bayt Stadium）

位于多哈以北约46公里处，亦是8座球场中最靠北的一座，能容纳60,000名观众，其建筑结构的灵感源自古代中东游牧民族使用的贝都因帐篷。本届世界杯这里将举办9场比赛，包括6场小组赛（含揭幕战）、1场1/8淘汰赛、1场1/4淘汰赛和1场半决赛。

❷ 卢塞尔体育场
（Lusail Stadium）

位于卢塞尔城，可容纳80,000名观众，是卡塔尔的地标建筑之一，球场以伊斯兰椰枣碗和珐琅灯笼为灵感。本届世界杯这里将举办10场比赛（数量最多），包括6场小组赛、1场1/8淘汰赛、1场1/4淘汰赛、1场半决赛，以及决赛。

❸ 教育城体育场
（Education City Stadium）

球场位于多哈西北郊、赖扬教育城的几座大学校园中间，可容纳45,350名观众。其外立面采用了复杂镶嵌工艺，会将阳光反射出璀璨色彩，被誉为"沙漠中的钻石"。本届世界杯这里将举办8场比赛，包括6场小组赛、1场1/8淘汰赛和1场1/4淘汰赛。

❹ 974体育场
（Stadium 974）

又名拉斯阿布阿巴迪球场（Ras Abu Aboud Stadium），可容纳40,000名观众。该球场的主体结构由974个集装箱构成，是世界杯历史上首座完全可拆解和重复使用的球场。本届世界杯这里将举办7场比赛，包括6场小组赛和1场1/8淘汰赛。

❺ 哈里发国际体育场
（Khalifa International Stadium）

位于多哈西郊的一座综合性体育场，始建于1976年，是本次世界杯唯一一座翻新的体育场，经扩建可容纳超过45,000人。本届世界杯这里将举办8场比赛，包括6场小组赛、1场1/8淘汰赛和三四名决赛。

❻ 艾哈迈德·本·阿里体育场
（Ahmad bin Ali Stadium）

该球场位于赖扬（Al Rayyan），能容纳50,000名观众，其外形设计融入了诸多卡塔尔本土元素。本届世界杯这里将举办7场比赛，包括6场小组赛和1场1/8淘汰赛。

❼ 阿图玛玛体育场
（**Al Thumama Stadium**）

位于多哈南郊，距离市中心约12公里，能够容纳40,000名观众。其造型来源于中东传统编织图案，现代和传统兼具。本届世界杯这里将举办8场比赛，包括6场小组赛、1场1/8淘汰赛和1场1/4淘汰赛。

❽ 贾努布体育场
（**Al Janoub Stadium**）

球场位于多哈以南16公里处的沃克拉（**Al Wakrah**），可容纳40,000名观众。球场由著名建筑师扎哈·哈迪德设计，其造型灵感源自阿拉伯帆船。本届世界杯这里将举办7场比赛，包括6场小组赛和1场1/8淘汰赛。

文/林紫秋
图/林紫秋

不懂足球，
但是看球很快乐

2011年我在西班牙的塞维利亚实习，那是一座很小的旅游城市，从城市的任何一点到另一点都不需要走太久。在某一天下课后满城溜达之时，我和同学经过了塞维利亚的体育场，外面停着好几辆刷着蓝底的大巴车，车身上还写着巨大的"FCB"。偶尔看球的同学说，巴塞罗那队来踢比赛了。

那应该是西甲联赛中的一场，塞维利亚对巴塞罗那。因为并不关注足球赛事，知道这场"热闹"的时候为时已晚，当时球场内已经呼声震天了。可以理解，塞维利亚不是弱队（据说），又是主场，客队巴塞罗那粉丝遍地，体育场一定坐得满满当当。肤浅的我只能想到：世界知名的球星梅西应该正在里面踢球吧。

不久，实习结束了。返程航班从巴塞罗那起飞，于是和同学同行去了巴塞罗那。我们给巴塞罗那预留了三天的时间，对于如此精彩的城市，三天是断然不够的，争分夺秒刷知名景点成了我们的新功课。青旅老板熟练地给我们列出了一份大名单，诺坎普球场赫然其上。但没想到的是，三天内，我们去了两次。

第一次：游客来打卡
——认真地溜达，热情地购物

巴塞罗那是绝对的宝藏，有太多太多地方能让人流连忘返。我们买了双层旅游大巴的票，可以在城市内任何旅游大巴站上下车。大巴线路涵盖了这座城市几乎所有的旅游亮点，我们准备先来一场"全局式巡游"，再挑选最爱的地方二次游览。最妙的是，此刻不是旅行旺季，就连这么知名的城市都还没什么游客，晴朗的天气里乘坐敞篷双层大巴环游整座城市实在是太愉快了。车座旁边附设耳机口，可以插上耳机听各个景点的解读，虽然有中文频道，不过这种"西班牙式中文"会让你觉得不如破罐子破摔地直接听英文版。

巴塞罗那俱乐部博物
馆里的电子展示屏，两
侧站满了游客

　　在第一次环游中，我们反反复复听到耳机里说：接下来我们将要经
过的这件作品是某某设计师于某年设计建造的。是的，在别的城市，你经
过的楼宇就是建筑，而在巴塞罗那，你经过的每一个物件都可能是一件
作品，一件艺术品。

　　在这些动辄修建上百年的建筑作品中，诺坎普实在是太年轻了，但它
的意义远不止于一座体育场，一个钢筋混凝土空间，在这里上演过太多
精彩又经典的比赛，以此为主场的巴塞罗那队也走出过太多名声响彻世
界的球星，罗纳尔迪尼奥、梅西、内马尔……是不看足球的人都会听过的
响当当的名字。

　　诺坎普不只是个球场，跟着参观的线路往里走，会逐个经过巴塞罗
那俱乐部博物馆、球队更衣室、休息室、采访室、媒体演播室……当然还
有球队周边最丰富的购物中心。

博物馆通道两边满满当当地摆着巴塞罗那队获得过的奖杯，镶嵌在墙上、桌面上的屏幕和支在路边的小屏幕都在不断地播放巴塞罗那队创造的精彩画面、球员和球队的图文介绍，沿途播放着赛场中躁动的声浪，让你充分沉浸在这个热血的氛围里。再往里走，球员的更衣室和休息室设施齐全，除了你能想象到的储物柜、按摩床，竟然还有冲浪浴缸——不知道是不是所有球队的标配，但还是想说，巴萨，不愧是你！

来到采访区，人人都陷入"戏精状态"，假装自己是记者或是球员，既然已经进入状态，不来一张"受访照"就显得很不合群。往楼上走，就来到了媒体室。这个空间视野极其开阔，就在球场较长边那一侧的中间位置的二层，长长的桌子足够安排大量的媒体在此进行转播比赛，也有不少人在这里留下"假模假式报道"的摆拍。下楼进入球场，可以近距离地看看草皮，再选个座位休息一下，因为你需要补充点体力来迎接伪球迷最爱的环节——购物！

最新款的巴塞罗那队服（男款、女款、儿童款应有尽有），各种尺寸和配色的毛巾、浴巾、零钱包、钱包，各种款式的杯子、冰箱贴、钥匙扣……我亲眼目睹有人用自己选好的浴巾做包袱，里面兜满了选购的纪念品直接奔向收银台。热门的款式和尺寸总是最抢手的，每个人找到自己的号码都不敢轻易放下，只要不抓紧，一眨眼就全没了。作为一个此前从来没好好看完一场足球比赛的人，我也在这种氛围中买了好多有的没的，还安慰我自己，可以送给看球的爸爸（回家后才知道爸爸也不过是个比我懂得多那么一点点的伪球迷）。这场购物的后遗症就是，多年以后，我家都还能找出没用完的巴塞罗那队的毛巾。

第二次：偶遇了一场球赛
——说出来你可能不信，
看完这场球我兜里只剩下2块钱

年轻时候的我很容易沉迷于打卡"必去之处"，所以每天都满满当当地安排了各种景点。这是在巴塞罗那的最后一个整天了，第二天一早我们就将奔赴机场，离开欧洲。打卡清单的最后一项是去蒙特惠奇山的加泰罗尼亚国家宫（Palau Nacional），计划是伴着夕阳欣赏那座传奇的百年音乐喷泉，再拍一点美美的照片。

但是在乘坐地铁奔赴目的地的时候，我们发现身边身穿标志性红蓝球衣的人变得越来越多，男男女女举着小旗帜，脸上刷着红蓝条，伙伴们成群结队，父亲让小孩骑在肩上，每个人浑身上下都散发着兴奋的情绪。

是的，我嗅到了一丝神秘的提示。

对足球的热爱也要从
小培养

巨大的球场几乎满座，
我身旁不远就是官方
媒体的转播机位

赶紧查了一下体育新闻,原来今天有巴塞罗那队对阿尔梅利亚队的一场球赛,而我们这趟地铁,也正好可以去往诺坎普球场——难道是冥冥中的安排?

　　去看百年神奇喷泉,还是去看百年球队的比赛,这次比赛的阵容里还有百年都不一定能出一个的巨星梅西?喷泉当然输了。喷泉又不会跑,可是梅西会老(也没想到十年过去了,梅西还在赛场驰骋,很难不充满敬意)。

　　接下来的问题就是门票了。不管了,撞撞运气吧。我们跟着红蓝军团下了地铁,熟门熟路地随着人流往前走,很快就到了球场门口。昨天我们来这里的时候可没有这么多人。由于二十四小时前刚逛过一遍球场,我们熟练地直奔售票口,如此热闹的比赛,此时此刻竟然还可以在现场买票!但是当我排到窗口,对工作人员说完"three tickets",得到的回应是大舌音很重但是掷地有声的一句"NO TOGETHER!"当然,连在一起的座位还是有的,只是票价更昂贵,而我们的现金已经不多了。因为明天就要离开西班牙了,为了免去再次兑换欧元的麻烦,我们已经精打细算预留了相应的现金——每人40欧元上下。

　　不能坐在一起,在不太懂足球又和身边的人语言不通的环境里着实"压力山大"。怀着扫兴的心情,我们准备回地铁站重投喷泉怀抱。这时一个"黄牛"走过来,说他有三张连在一起的票,每张37欧元。我们看了编码,确实是连着的,但还是隐隐担心票的真假。他说你可以让你的朋友随机拿其中两张到检票口,她们要是能进去,你再付钱进去。这听起来很保险,我同学也成功检票入场,我留在最后支付现金,拿走了最后一张票。

　　此时,我们人均剩下不到3欧元。

　　入场后才发现,我们还是被"黄牛"骗了,三张票确实是联号的,但是有两张在一起,还有一张是另一个区的,当时在门口太慌乱,导致我们没有仔细看票面的信息,也算是意料之中的大意吧。我选择了单独的那一张,坐在第二层正对球门的位置,旁边有白发苍苍的爷爷,也有带着小朋友的一家人,都在跟着球场内播放的音乐摇头晃脑高声歌唱,有一瞬间,我觉得自己好像能融入这场球赛了。

那场比赛巴塞罗那队进了三个球，梅西"梅开二度"。他穿着一双荧光橙色的球鞋，在球场上任何一个地方都能一眼就看到他，当时我心里只有一个想法："天哪，二十出头的梅西! 在球场上挥汗如雨，带着这只豪门球队的每一个队员，牵动着诺坎普球场里所有人的情绪。而我和这座城市的人，和这支球队在一起。"

巴塞罗那队发起的每一次进攻，都会迎来台下巨大的声浪和此起彼伏的人浪。是的，再不懂行的伪球迷，也不会错过这项数万人参加的大型活动。主场球迷集体高唱巴塞罗那队的队歌，不断地重复着掷地有声的"Barca! Barca! Barca!"——整个过程你都很难成为局外人，哪怕你不太懂比赛规则，不太懂球员们的故事，不是这支球队的铁杆球迷，在那样的氛围下你也会整个人沸腾起来。

不过，不知道多少人体会过沸腾之后突然冷静下来的冲击感，对于我和我的同学来说，那是一种很具体的担忧和恐慌——每人手里只剩下两块多，应该，也许，大概，够买地铁票回到青旅吧?

在看完比赛后的漫长退场过程中，我们从分散的座位出发，相约急切地奔向地铁站，我们只认识这条路回青旅，也只坐得起地铁了，我们必须坐上末班车。还好，地铁票2.4欧元，买票、进闸、上车一气呵成，那晚我们是整个青旅最开心的夜归人。

那一天是2011年4月9日西甲第31轮比赛，如今视频网站上很多关于梅西的比赛集锦中也收录了这场球赛中的进球画面。偶尔看到这样的视频，我也会点开看一看，有一种目睹自己参与历史的感觉，真的很有趣。

学会为体验买单

我从不觉得在遥远的西班牙，在有限的时间里，去一个重复的地方"打卡"是一件多么不值得的事情。现在依然不会这样想。

第一次去这座球场真的是为了打卡，像大多数匆忙的旅客那样，总是要先"签到"，确保那些厉害的景点都被收入囊中才不亏。第二次则是一种更"抽象"的吸引——氛围到了，凑热闹的想法和好奇心共同促成了这次偶然的"球场观光"。如果要说两次去诺坎普球场之间有什么关联，我想唯一的关联也就是这个地点而已。先是"蓄意"，后是"偶然"，也正因如此，才会真切地感受到旅行的多面性和生命力。

我想，这是我逐渐沦陷在"为体验买单"的旅行逻辑的开始。在一个遥远的地方看一场演出，参加一场民俗活动，或者做一份短暂的工作，和在你的家乡去体验同样的事情有什么区别吗? 当然有，你试试就知道了。🔲

傲赴沙尔克

博物馆一角，展出了
球迷收藏的俱乐部
纪念品

作为球迷在德国旅行，行程中一定要加入足球元素。在德国著名的球队中，除了位于巴伐利亚的拜仁慕尼黑，多特蒙德、沙尔克04、勒沃库森、科隆等多支球队都位于德国西北部的北莱茵-威斯特法伦州（Nordrhein-Westfalen，国内常简称为"北威州"），将它们随意进行两两组合，都会是一场精彩与火药味并存的比赛。这次我们以北威州首府杜塞尔多夫（Düsseldorf）为大本营，进行了一次北威州之旅，沙尔克04俱乐部的主场费尔廷斯球场（Veltins Arena）就是我们行程中的一站。

我们买好了北威州的州票。一票在手，可以在当天无限次乘坐州内的短途交通工具，包括短途火车、市内公交、地铁等，十分方便。从杜塞尔多夫火车站（Düsseldorf HBF）出发，我们坐上了一列RE短途火车，只需40多分钟，就到达了费尔廷斯球场的所在地盖尔森基兴（Gelsenkirchen）。

盖尔森基兴并不大，常住人口只有20多万人。出了火车站，就是同名的主要商业街——火车站街（Bahnhofstraße），街道两边商铺林立，算

在球迷用品商店里，工作人员正忙着将球员的名字和号码印在球衣上

是这座城市最热闹的地点之一。除此之外，城市也就没有什么值得一提的景点了。不过盖尔森基兴本来也不是一座旅游城市，足球才是它的名片。从盖尔森基兴火车站乘坐有轨电车302路，15分钟就抵达了费尔廷斯球场。

球场原名为"AufSchalke-Arena"，"Auf Schalke"直译过来就是"去沙尔克"或"在沙尔克"。《体坛周报》的一名驻德记者曾经直接将"Auf"音译为"傲赴"，因此在国内也就有了"傲赴沙尔克球场"这个名字。2005年，沙尔克04俱乐部将球场冠名权出售给费尔廷斯啤酒厂，球场也随之改名为"费尔廷斯球场"。不过在大多数球迷看来，还是"傲赴沙尔克"听起来更有气势。

302路电车正好停在球场的西门外，一下车就能看到一面挂满了铭牌的墙，铭牌上都是球迷会员的名字，这些球迷是球队最忠实的支持者，也见证了球队的辉煌和低谷。进入球场大门，我们便直奔球场团队游的起点——俱乐部的博物馆。漫步博物馆中，前西班牙球星劳尔的签名球衣格外引人注目。2010年夏天，他离开皇家马德里，转会至沙尔克04，并在2010-11赛季帮助球队获得了德国足协杯和德国超级杯的冠军。博物馆里还展出了其他值得一看的纪念品，包括时任国际足联主席布拉特在2001年为球场揭幕赠送的旗帜，以及2004年作为欧洲冠军联赛决赛的举办场地而特别设计的纪念徽章。

没过多久，一位年轻的工作人员将大家召集在一起，他就是我们此次团队游的向导。我们一行人在他的带领下，离开博物馆，进入了球场内部。在球场的二层看台，可以一览球场内景，四周都是蓝色的座椅，这也是沙尔克04球衣的主色调。上方有可闭合的屋顶，草坪可以整块移动，以便让球场发挥其他用途，因此这里完全可以说是名副其实的高科技球场。球场总共可容纳约60,000名观众，据说在某一场比赛中，沙尔克04的球迷创造出了129分贝的欢呼声，是德甲联赛历史上的最高分贝。

从二层看台回到球场内部，到处可见蓝白色调的沙尔克04的队徽。字母"G"代表盖尔森基兴这个城市，"S04"则代表1904年俱乐部在盖尔森基兴的Schalke地区成立。盖尔森基兴位于德国的采煤中心鲁尔区，俱乐部的创立者就是采煤区的十几位青年矿工，因此沙尔克04也被称作"矿工"，就连他们的青训中心也被称为矿工锻造厂（knappenschmiede）。每年俱乐部还会组织队员穿上矿工的工作服，戴上安全帽，参观矿井，了解矿工的工作条件，以铭记球队的创立史。

在球场内部我们还依次参观了主队更衣室和新闻发布厅。更衣室设计简洁，各种设施一应俱全，包括健身器械、治疗区域等。不过大家显然对新闻发布厅更感兴趣，我们一边听工作人员讲解，一边在发言席上合影。几位头发花白的老爷爷，在其他人准备前往下一个地点参观时，依然恋恋不舍，没有离开的意思，他们干脆就坐在发言席前聊了起来，好像这一刻自己就是球队的主教练。

从新闻发布厅出来，穿过球员通道，就能近距离参观球场。球员通道两旁被装饰成了蓝白色调，墙上写着标语"一生蓝白"（Blau und Weiß, ein Leben lang）。不过据说之后没多久，通道就被装饰成了矿道，就好像深入矿井一般，倒也和球队的历史相贴合。在球场边，可以坐在球队的替补席，想象自己就是球队的一员，看球场上风云变幻。

离开球场，回到室内，我们的行程也接近尾声。靠近大门的一处极具美感的雕塑吸引了我的注意：两名球员在努力拼抢，雕塑的基座上写着"Nur im Team kann man gewinnin"（只有在团队中才能取得胜利）。也许团队至上才是足球的魅力所在。

后记

最近几年，沙尔克04在联赛中的最好成绩就是2017-18赛季获得的第二名，此后的表现一落千丈，在2020-21赛季更是排名垫底，直接降至德乙联赛。不过在2021-22的德乙联赛中，他们表现出色，德乙联赛倒数第二轮，他们在落后两球的情况下，连扳3球，逆转战胜了圣保利，提前一轮锁定2022-23赛季德甲联赛的资格。时隔一年之后，在德甲赛场上我们就能再次看到"矿工"们的身影了。

文 / 李潇楠
图 / 李潇楠

卢日尼基的一个下午

一

距离比赛开始还有两个多小时，卢日基尼体育场外已是人山人海——谁让这是有东道主参加的世界杯淘汰赛呢？

"四"，完美的数字，没有球迷不爱。是哪个天才人物灵光一现，想出要每四年举办一次世界杯的主意呢？不长不短，等待恰到好处。

1990年的罗马，马拉多纳像个被抢走皮球的孩子般痛哭；1994年的帕萨迪纳，巴乔默立在十二码线前；1998年的圣但尼，齐达内用两记头球为法国国庆日献礼；2002年的横滨，罗纳尔多宣布"外星人"重返地球；2006年的柏林，还是齐达内，还是用头，对象从球变为意大利后卫；2010年的约翰内斯堡，腼腆少语的伊涅斯塔绝杀后脱衣怒吼狂奔，内衣上写着对逝去好友的怀念；2014年的里约热内卢，格策让梅西吞下连续三届世界杯败给德国人的苦果。

这一长串絮絮叨叨的年份、人名与事件，恰恰为我的记忆安插进关键节点。又一个四年过去，2018年7月1日的下午，我终于走进莫斯科的卢日尼基体育场。

二

　　我是一个会为旅行制定周密计划的人，尤其是出境游。一本Lonely Planet的蓝脊指南，通常在我出发前，就已经被翻阅得只剩七八成新。我喜欢在书的各个角落做好预习笔记，用不同颜色的笔补充资料、记录感想，有的字迹潦草到只有本人才可以认出。然而这一次，我没能做到。出发前，我只把精力用在了买球票、订机酒（价格高到难以想象）、接收球迷卡这些球迷会做的"分内之事"上；我的背包里确实躺着一本《莫斯科和圣彼得堡》，品相却几乎全新，翻开来甚至可以闻到油墨的香气。6月30日飞抵莫斯科，我也只给自己留了当天下午和第二天上午的时间用于走马观花，克里姆林宫和红场逛了，红菜汤喝了，地铁也坐了。这就够了。接下来要关心的是——第二天下午，俄罗斯和西班牙的比赛，谁会赢？

　　能现场观看一场东道主参加的世界杯淘汰赛，是幸运的，尤其当另一方是西班牙（2010年世界杯冠军、2008年和2012年欧洲杯冠军）这种王者之师时，那种满足感与幸福感会占据我体内的每一个细胞。最妙的是，我还毫不紧张。我们国家的男足没有能力参加这项高手对决，使我刚好以完全中立的身份来欣赏比赛。

　　卢日尼基体育场里的俄罗斯球迷可就不一样了。苏联解体后举办的六届世界杯中，俄罗斯只参加了 3 次，而且全部在小组赛铩羽而归。而苏联上一次闯入世界杯淘汰赛，也还要追溯到遥远的 1986 年，在那届几乎独属于马拉多纳的世界杯上，苏联在八分之一淘汰赛以 3∶4 输给了"欧洲红魔"比利时。32 年后再进淘汰赛，面对同样是一袭红衣的"斗牛士军团"，俄罗斯人的热情如公牛般被激发至顶点。

三

　　比赛下午五点开始，我走进体育场时才三点多，场内早已涌入大批俄罗斯球迷。他们在看台的不同位置聚拢，一遍遍高呼着"Россия！（俄罗斯！）"。小股西班牙球迷不甘示弱，挥舞手中的西班牙国旗回应，有些胆大的还用我听不懂的西班牙语喊（骂）上几句，不过很快就淹没在俄罗斯人的如潮声浪中。我早有准备，举起一条刚在体育场纪念品店买的蓝色围巾，上面印着的"Россия"字样巧妙地掩盖了我的中立身份。

　　"Россия, священная наша держава. Россия, юбимая наша страна.（俄罗斯，我们神圣的祖国。俄罗斯，我们挚爱的国家。）"

　　临近五点，球员入场。《俄罗斯，我们神圣的祖国》的歌声响起。这首歌与苏联在1944至1991年的国歌《牢不可破的联盟》的曲调一模一样，苏联解体差不多10年后，它经由作家谢尔盖·米哈尔科夫重新填词，于2000年底成为俄罗斯联邦的新国歌。我不是合格的音乐爱好者，然而每次听到这首歌，都会为它激情又好听的旋律吸引，忍不住跟着哼上几句。相比之下，虽然西班牙的国歌《皇家进行曲》同样旋律动人，然而就连场上的西班牙球员都无法开口演唱，因为它是世界上仅有的三首没有歌词的国歌之一。

6月30日的下午，我在红场的朱可夫元帅雕像前被暴雨淋了个透心凉。7月1日的上午莫斯科也在下雨，然而到了下午，30多度的阳光却毫不留情地炙烤着卢日尼基体育场里的每一个人。建成于1956年的卢日尼基体育场是俄罗斯第一大、欧洲第九大体育场，它是1980年莫斯科奥运会的主体育场，还承办过2008年的欧冠决赛——C罗在此收获了他的第一座欧冠奖杯。然而必须承认，除非你可以坐进贵宾包厢，享受舒适的座椅与不断吹出的空调冷风，不然在高温下观看一场一边倒的比赛（即使它是世界杯淘汰赛）带来的直接生理感受，是绝对不如坐在家里、对着电视、把身体摆成"葛优瘫"的。

四

比赛开始后，东道主球迷立刻感到了难堪。西班牙人完全控制着场上局面，俄罗斯球员甚至触不到球。11分钟后，比分就变为1∶0，进球的却是俄罗斯中后卫谢尔盖·伊格纳舍维奇——一记"蝎子摆尾"式的高难度乌龙球。这位39岁的老兵，生于莫斯科，长于莫斯科，自2003年起就在本国联赛霸主莫斯科中央陆军队效力。他怎么也不会想到，自己会在一生最重要的一场比赛中不小心攻破自家球门。我还注意到，他是赛前唯一没有开口唱国歌的俄罗斯球员，不知是否因为他生于苏联时代，自己的位置又是中后卫，可能会喜欢"牢不可破"这句歌词。

西班牙球迷的欢庆持续不断。太阳西沉，温度缓缓降低，萎靡不振的俄罗斯球迷逐渐振作起来，并且随着他们的"救世主"——身高一米九七的前锋久巴在半场结束前用点球扳平比分，瞬间爆发出"战斗民族"的最强音。"Россия"的狂欢声从我四面八方席卷而来，我手中的可乐似乎也有了国籍，液面都跟着跳动起来。身边的俄罗斯球迷全都喊着蹦着，几名壮汉抱在一起，肱二头肌上青筋暴露，从电视上看不知道会不会以为在打架。至于我？最要紧的就是拼命抓牢正在录像的手机，防止它成为俄罗斯球迷庆祝的献祭品。

山呼海啸声慢慢平息，西班牙人很快恢复了节奏。真不愧是前世界冠军，只要他们想控球，对手基本只有干看着的份。然而西班牙人的一次次威胁进攻，都被俄罗斯门将兼队长伊戈尔·阿金费耶夫化解——"光打雷不下雨"，和莫斯科的天气一点也不像。阿金费耶夫是俄罗斯出了名的天才球员，他比伊格纳舍维奇小7岁，在2002年16岁时就加入莫斯科中央陆军队。15年间，无论是在俱乐部还是国家队，阿金费耶夫的身前总有"老大哥"保驾护航。"老大哥"刚才的乌龙失误，阿金费耶夫看在眼里，想必也是痛在心头。

　　我跟着卢日尼基体育场内的七万八千多名球迷玩起了人浪。这既是我们的自娱自乐，也是对场上二十二名球员的善意提醒："加把劲儿，这可是世界杯，你们踢得有些无聊啊！"尽管如此，就算西班牙换上世界杯夺冠功臣伊涅斯塔，他们依旧拿摆起大巴的俄罗斯毫无办法，而俄罗斯也没有创造出任何像样的反击机会。比赛拖拖拉拉地进入加时赛，天空再次突降大雨，彻底浇灭了西班牙残存的进攻欲望。

　　点球大战，来了。

双方球员已上场热身，
而我所处的位置此刻
完全位于阳光暴晒中，
还好球场上可看的元
素很多，完全不无聊

这位兴奋的西班牙球迷绝不会想到，他的球队在几分钟后就会球门失守，而比赛天平也由此开始倒向俄罗斯一边

五

我出生那年，苏联打进了欧洲杯决赛，在慕尼黑败给了拥有"三剑客"的荷兰。比赛中，范·巴斯滕打进了一个之后每次都能入选最佳进球榜单的"零度角天外飞仙"，帮助荷兰收获了唯一一次大赛冠军。那也是苏联最后一次进入大赛决赛。

"就算再给他一百次机会，他也复制不了那一脚射门，而且我们还踢丢了一个点球。荷兰真的太幸运了。"苏联守门员是永远面色冷峻的列纳特·达萨耶夫，对于巴斯滕的这脚外人看来的传世之作，他的上述评价也可以简要概括为两个字："蒙的"。

达萨耶夫完全有资格这么说。苏联盛产优秀门将，达萨耶夫的前辈列夫·雅辛是国际足联官方评选出的"20世纪最佳门将"，而达萨耶夫本人也被誉为20世纪80年代的世界最佳门将，他还有一个很有时代特点的外号——"铁幕"。

2018年7月1日，站在卢日尼基体育场里的阿金费耶夫，就颇有些雅辛、达萨耶夫灵魂附体的感觉。点球大战中，他扑出了两名西班牙球员罚出的点球，而俄罗斯四名球员全部不辱使命，包括"老大哥"伊格纳舍维奇——他第二个出场，面无表情地助跑，面无表情地推射进死角，然后面无表情地转身回到队友身边。

俄罗斯球迷的欢庆持续了大约半个小时，而我一直坐到最后一刻才离开球场。稍显无聊的比赛过程已被抛之脑后，世界杯的气氛感染了我，卢日尼基的一切令我深深着迷。我对着天空、球场、座椅、可乐瓶、手中的围巾和纪念衫拍个不停。我记录下每一张球迷的面孔，他们或是俄罗斯人，或是西班牙人，或是和我一样的第三国中立球迷。我们来自世界各地，语言不同，文化各异，有时为支持的球队吵架拌嘴，可我们走进球场的理由格外一致，"我爱足球"。

卢日尼基体育场位于莫斯科的"三环"外，属于郊区。然而数不清的莫斯科市民已奔至这里，组成欢庆的人潮，大家再一起步行回家。我跳上一辆挤满游客的小巴车，急匆匆赶回酒店。明天，我将坐火车前往圣彼得堡，另一场比赛在等待着我。《莫斯科和圣彼得堡》，不如就在路上看吧。

后 记

作者的一点碎碎念

这是一本关于足球场以及去足球场旅行的书，企划之初大家都希望能尽量减少那些冗长的球队历史和典故所占的篇幅，不过到了具体执行过程中我们发现，人们之所以会想去球场旅行，说到底还是因为扎根在这里的那支球队，对于球队的介绍也不能太省。于是本书有了现在的样子，希望大家能够喜欢。

书中设置了"本队历史及现役著名球员"这个栏目，希望能让大家对球队的了解更具体。欧洲俱乐部之间的球员交易一直很频繁，一个转会期过后，许多球员都有了新的东家，以至于栏目中涉及的球员仍在"本队"效力的反而所剩无几了。不过经过一番讨论，我们觉得这也没啥，毕竟这些球员曾经效力于此，也在这里给球迷们带来了很多美好的回忆，以及，我们这个栏目本来就叫"本队历史及现役著名球员"嘛（虽然栏目标题就没有写）。

改换门庭的又何止球员，2022年3月，巴塞罗那俱乐部宣布将诺坎普球场的冠名权出售给音乐流媒体巨头Spotify，球场于是正式更名为"Spotify诺坎普球场"。鉴于诺坎普这个名字本身就是"新球场"的意思，未来这里的官方名称变成"新Spotify大球场"也不是不可能，针对这个情况，经过审慎的讨论，我们最终也决定不予理会，它还是那个诺坎普。

综上所述，本书希望能以一种正经中透着不太正经，严肃中带点不够严肃的态度，将足球这项运动的更多方面展现在大家面前，其实足球这个"二十来个糙汉子追着一个球来回跑"的奇怪运动，还挺有意思的。

最后，由于作者能力所限，文章中不可避免地存在各式疏漏，欢迎大家到"星行客"的微信公众号、微博和小红书等平台无情地对我们进行指正、斧正、订正……怎么正都行，我们非常需要大家的意见，恳请大家能够不吝赐教。

幕 后

星行客 Planet Seeker 是中国地图出版社旗下旅行·生活·文化品牌，拥有雄厚的旅行内容资源。品牌致力于记录当下新鲜、特别的生活方式，推广积极乐观的生活态度，分享花样百出的旅途故事，相信每个人都有自己面对旅途的方式，也都能在旅行中找到属于自己的乐趣，旅行没有能作为唯一准则的方法论。

星行客一直致力于让你所爱的世界离你近一点，再近一点。勇敢的旅行者、智慧的生活家，一路同行，我们始终乐意与你为伴。

星行客，探索不设限! Planet Seeker, Universal Rover。

执行出版　马珊
总　　编　朱萌
撰　　稿　苑志强
　　　　　朱思旸
责任编辑　林紫秋
编　　辑　戴舒
　　　　　李潇楠
视觉设计　李小棠

图书在版编目（ＣＩＰ）数据

咻 / 星行客生活馆著 . -- 北京：中国地图出版社，
2022.10

（旅行没有方法论）

ISBN 978-7-5204-3180-4

Ⅰ . ①咻… Ⅱ . ①星… Ⅲ . ①游记－世界 Ⅳ .
① K919

中国版本图书馆 CIP 数据核字 (2022) 第 179921 号

出版发行　中国地图出版社
社　　址　北京市白纸坊西街 3 号
邮政编码　100054
网　　址　www.sinomaps.com
印　　刷　北京华联印刷有限公司
经　　销　新华书店
成品规格　169mm × 239mm
印　　张　18.5
字　　数　296 千字
版　　次　2022 年 10 月第 1 版
印　　次　2022 年 10 月北京第 1 次印刷
定　　价　68.00 元
书　　号　ISBN 978-7-5204-3180-4

如有印装质量问题，请与我社发行部（010-83543963）联系